RECUEIL

DE

POÉSIES ET COUPLETS

PAR

Madame Veuve Landrieu.

2ᵉ édition

PARIS

IMPRIMERIE DE CUSSET ET Cⁱᵉ,

RUE RACINE, 26

1869

RECUEIL

DE

POÉSIES ET COUPLETS

RECUEIL

DE

POÉSIES ET COUPLETS

PAR

Madame Veuve Landrieu

2ᵉ édition

PARIS

IMPRIMERIE DE CUSSET ET Cⁱᵉ,

RUE RACINE, 26

1869

PRÉFACE.

Lorsque j'étais jeunette, au printemps de mes jours,

Le désir de rimer me poursuivait toujours,

Et toujours sans succès : car ma verve indocile

Ne dictait rien de bon ; le tout était futile.

Comment aurais-je pu contenter mon désir ?

J'ignorais ce qu'il faut pour bien y parvenir ;

Je n'avais de cet art que ceux de la nature ;

Il me fallait aussi les règles, la mesure.

1

Sans m'en inquiéter, mon génie ignorant

Faisait aller ma plume au gré de son talent,

Que je ne trouvais bien ; — dans mon impatience,

Je déchirai le tout, sans nulle préférence.

Était-ce mal jugé ? — Tout ce que j'écrivais

Ne pouvait me charmer ; je le trouvais mauvais...

. . . .

Dès l'instant j'eus recours aux bonnes poésies.

De Voltaire j'aimais les belles tragédies ;

Les œuvres de Corneille animaient tous mes sens ;

Je me disais alors : Comment, dans mon printemps,

Ayant la volonté de suivre son modèle,

N'avoir que lui pour maître, en écolier fidèle,

Je ne saurais lier, au gré de mon désir,

Tous mes bons mots ensemble, afin de parvenir

A composer des vers éloquents et sublimes,

Dignes du précepteur, de ses brillantes rimes,

Et former comme lui des chefs-d'œuvre parfaits,

Me faire lire un jour par de nobles sujets.

C'eût été trop d'honneur... car mon petit mérite

N'aurait à mes écrits accordé tant de suite...

Je laissai là l'ouvrage, et tout en me disant

Que je pourrais peut-être acquérir ce talent...

    Enfin, un beau matin je me mis dans la tête

De faire des couplets pour de beaux jours de fête ;

Je n'y parvins pas mal ;... on était indulgent :

Cela m'encouragea, j'en fis un demi-cent.

J'aurais bien dû poursuivre en aussi bonne route.

Eh bien ! je m'arrêtai, dans la crainte sans doute

De ne pas parvenir au bout de mon chemin,

Le trouvant épineux pour un simple écrivain.

. . . .

Je me remis à l'œuvre ayant mes cinquante ans.

C'est s'y prendre un peu tard, mais qu'importe le temps !

Si ma muse veut bien que son pouvoir m'inspire,

Mon génie imparfait renaîtra pour écrire;

C'est alors qu'aussitôt, d'un pas accéléré,

Je marcherai sans crainte au but tant désiré,

Ne m'inquiétant pas si parfois on me glose;

Car pour plaire à chacun ce n'est pas peu de chose.

Je suis donc mon parcours, le destin me le dit;

Sans craindre les écueils, je fais ce qu'il prescrit.

PREMIÈRE PARTIE.

RÉFLEXIONS PHILOSOPHIQUES.

J'aime mes simples goûts, et je m'en trouve bien.
Je vis dans mes foyers, sans beaucoup de chagrin.
Le luxe du grand monde est très-souvent nuisible ;
Il donne de l'orgüeil : c'est un défaut horrible
Qui nous gâte le cœur, tout en nous encensant,
Et se fait un plaisir d'être notre tyran.
Cruelle vanité! voilà donc ton ouvrage!
Ton règne nous impose un bien dur esclavage...

Si loin de mon chez moi je devais m'éloigner,

Qu'au sommet des grandeurs on voulût me porter,

Pour briller dans le monde en noble personnage

Qui va jusqu'à la cour, dans son bel équipage,

Jamais, oui, je le dis, un si grand changement

Ne gonflerait mon cœur d'orgueil un seul instant;

Ou du moins je le crois; car je ferais en sorte

Qu'en ces lieux la vertu pût être mon escorte,

Que surtout son flambeau me fasse remarquer

L'hypocrite fripon pour le bien démasquer.

Qu'elle soit mon Mentor en me guidant sans cesse

Dans le chemin glissant qui mène à la richesse.

J'éloignerais de moi tous les discours flatteurs;

C'est pour mieux nous tromper qu'ils se couvrent de fleurs.

L'homme de vrais moyens ne tient pas qu'on l'encense,

Il est assez par lui pour que l'on s'en dispense.

GRANDEUR DE DIEU
DANS LES MERVEILLES DE LA NATURE.

Ranime-moi, ma muse, et remonte ma lyre ;
Tes inspirations me guident pour écrire ;
Sans ton secours, hélas ! mon génie imparfait
Ne pourrait que produire un médiocre effet ;
Tâche que mon pouvoir ne rencontre un abîme,
En m'élançant trop loin pour peindre le sublime.
Ma main s'arrête, amis, et pourtant malgré moi,
Ma plume va toujours, sans craindre mon effroi...
. . . .
C'est de vous, ô mon Dieu ! vous, Dieu plein de puissance,
De qui j'ose vouloir, dans mon humble ignorance,
Exhaler par mes chants vos chefs-d'œuvre divins ;
Mais ma voix est trop faible, encor plus mes moyens...
Je contemple le ciel, palais de votre empire,
Que mon âme embrasée à chaque instant désire.

Et toi, brillant soleil, astre tant merveilleux,

Qu'on ne peut regarder sans abaisser les yeux ;

Tu dois être son trône, ou plutôt sa couronne :

Si j'osais, je dirais son illustre personne...

Ce mystère, ô grand Dieu ! qui n'existe qu'en vous,

Doit rester un secret indéfini pour nous.

. . . .

J'adore avec respect ce qu'on ne doit connaître,

En louant dans mon cœur Dieu qui m'a donné l'être ;

Son vouloir me conduit dans le sentier du bien :

La gloire est à lui seul, par moi je ne puis rien.

J'admire sa puissance en contemplant la terre

Qui veille à nos besoins comme une tendre mère.

Ces précieux secours viennent de sa bonté

Toujours intarissable en générosité.

Il a voulu pour nous qu'elle puisse sans cesse

En cultivant son sein recueillir sa richesse.

Sa prévoyance en tout créa les animaux

Pour servir nos besoins, alléger nos travaux ;

Et, pour surcroît de biens, nous avons l'avantage

De pouvoir de leur chair faire un très-bon usage ;

Tout nous est prodigué, le gibier, les poissons,

Mille sortes d'oiseaux ; de lui viennent ces dons...

Sur eux nous exerçons droit de mort ou de vie

Suivant nos goûts friands et notre fantaisie.

Quand le printemps renaît, dans la belle saison,

Des arbres ont des fruits avec profusion ;

Leur suave bonté satisfait à la ronde ;

Chacun en a sa part, ils sont pour tout le monde.

Dans les champs, les jardins, on voit croître les fleurs,

Étalant à nos yeux de charmantes couleurs.

L'odorat satisfait, savoure avec délices

Le parfum embaumé qui sort de leurs calices.

. . . .

Grand Dieu ! que de trésors donnés à vos sujets !

Qui vous servent si mal pour payer vos bienfaits.

L'ingratitude, hélas ! est donc la récompense

Qui doit être le prix de votre bienfaisance !

Grâce pour nous, mon Père, ayez pitié de nous ;

Moi, je vous le demande humblement à genoux...

. . . .

Dans ce moment l'orage annonce le tonnerre.
Il gronde, et sa fureur peut me mettre en poussière.
Que son bruit est sonore! il fait battre mon cœur....
Je tremble de respect pour cette sainte horreur;
Il dirige sa foudre où votre bras le pousse;
Nul mortel ne pourrait l'arrêter dans sa course.
Démontrant votre empire aux yeux de l'univers,
Il tonne votre gloire au plus loin des déserts...

. . . .

Athées, repentez-vous, ayez plus de croyance,
Vous qui semblez douter de sa toute-puissance.
Le ciel, la terre et l'onde attestent son pouvoir,
Fléchissant sous ses lois, ils suivent son vouloir.
Tous les jours vous voyez sa brillante lumière,
Et tous les jours, la nuit remplacer sa carrière.
Est-ce nous, dites-moi, qui dirigeons leur cours!!!
On le voudrait en vain, il reviendrait toujours.
Enfin tout l'univers est l'œuvre du Grand-Maître;
Malheur à qui voudrait ne pas le reconnaître.

ÉPITRE

À LA DEMOISELLE D'UNE DAME DE MES AMIES

qui était musicienne.

—

Les doux sons de ta voix et tes accords charmants
Électrisent mon cœur de plaisirs enivrants :
Ton toucher délicat tout à la fois sonore,
Quand j'y songe parfois, je crois l'entendre encore.
Courage, enfant, travaille à cet art enchanteur ;
Fais valoir tes moyens, acquiers-en de l'honneur.
Tu sais que la musique est l'âme du génie.
Que n'ai-je ce talent comme toi, mon amie !
Apollon, qui m'inspire en ce moment ses vers,
Exige qu'avec toi, d'accord à tes concerts,
Je dise en poésie amplement exprimée
Les effets de son art, sa grande renommée ;
Ce Dieu tout à la fois poëte et musicien,
Nous guide toutes deux à son temple divin.
Suivons donc le sentier où la gloire nous mène ;

Le chemin est glissant, il est semé de peine ;
N'arrive pas qui veut ; mais, pour nous, poursuivons.
Ne perdons pas courage, et nous y parviendrons.
On aime là l'esprit dont la persévérance
Va jusqu'au mont Parnasse atteindre la science.
Calliope et Euterpe, en nous voyant venir,
En vers mélodieux chanteront leur plaisir.
Dans l'Olympe aussitôt coulera l'hypocrène,
Nous pourrons à longs traits puiser à la fontaine,
Savourer ce nectar qu'on réserve aux mortels
Qui servent bien leur culte, encensent leurs autels.

A UNE COQUETTE.

—

Je n'ai pu vous cacher tout mon amour extrême ;
Dans mes moindres discours je disais : je vous aime.
Mais vous, cruelle, hélas ! ce sont pour vous des jeux
D'exciter mes désirs, de lire dans mes yeux

Ma tristesse profonde et ma brûlante flamme,

Qui sont sans cesse en proie à vos dédains, madame.

Parfois j'ai remarqué sur vos traits, du plaisir

A voir couler mes pleurs,... de m'entendre gémir.

Moi qui, pour épargner à vos yeux une larme,

En eût donné des miens mille remplies de charme.

. . . .

Mais c'est trop vous en dire, et je dois m'arrêter :

Mon cœur auprès de vous ne veut plus s'exalter.

Votre coquetterie éloigne ma tendresse,

Qui ne peut supporter votre fadeur qui blesse.

Mon amour dédaigné s'est enfui sans regrets,

Ne voulant pour vous plaire admirer vos attraits.

Vous voulez être aimée et qu'on porte vos chaînes,

Vous inquiétant peu si vous donnez des peines.

On ne me verra plus sans cesse auprès de vous,

M'épuiser en soupirs par mes transports jaloux.

Un cœur comme le mien ne supporte l'offense,

Aimant sincèrement il veut de la constance,

Un jour viendra, peut-être, où vous pourrez sentir

Tout le prix d'un baiser, tout le prix d'un soupir.

Je laisse à mes rivaux cette grande victoire ;

Je n'y prétends plus rien ; vous devez bien me croire ;

Qu'ils ne craignent jamais l'excès de mon courroux ;

Je n'aspire à leur sort, ni ne combats pour vous :

Sans moi, soyez heureuse, et que les ris, les grâces

Escortent vos amours, couvrent de fleurs vos traces.

Voilà tout ce qu'il faut à votre cœur léger,

Qui n'a de vrai plaisir que lorsqu'il peut changer.

Mais, prenez-y bien garde : où l'inconstance habite,

L'estime disparaît et l'amitié nous quitte.

A UNE DAME DE MES AMIES.

EN LUI OFFRANT UNE BAGUE ORNÉE D'UN CHRIST, ET BÉNITE.

Ce bien petit cadeau, mais grand par son emblème,

Est destiné pour vous, par celle qui vous aime.

Son amitié sincère est l'écho de son cœur.

Ah ! combien il voudrait vous combler de bonheur !...

. . . .

J'admire vos vertus, votre doux caractère.

Mille fois trop heureux vos semblables, ma chère !

Ne croyez pas qu'en rien je veuille vous flatter,

Je dis ce que je pense, et j'aime à le prouver :

Ainsi, vous le voyez qu'en acceptant ce gage,

Ce n'est que justement vous rendre un faible hommage.

Oui, gardez-le toujours, il est digne de vous,

Puisqu'il nous représente un Dieu mourant pour nous.

Le prêtre l'a béni de sa main vénérable,

Croyant, par ce moyen, vous le rendre agréable.

———o⚹oo———

A LA FILLE D'UNE DAME DE MES AMIES

AGÉE DE TREIZE ANS.

———

Toi qui m'as toujours plu, bonne petite Adèle,

Par ton esprit joyeux, ta grâce naturelle,

Pourquoi cette tristesse, ainsi que ce dédain !

Ton petit air boudeur ne te sied pas trop bien.

Ne chasse pas les ris : la gaîté de ton âge

A le don d'être aimable, ainsi que l'avantage

De nous intéresser par tous ces riens charmants.

De ton bel âge d'or profite des moments,

Les peines assez tôt viendront pour te trouver ;

Ne hâte pas leur cours, laisse-les te chercher.

Si quelque jour ton cœur vient à porter des chaînes,

Dans le sein de ta mère épanche-lui tes peines ;

Ne cache jamais rien ; elle est pour te guider,

Maintenir ta jeunesse, en tout te protéger ;

Imite son exemple et son doux caractère ;

En suivant ses leçons sois certaine de plaire.

Voilà, ma bonne enfant, ce que dicte mon cœur ;

Accepte mes conseils, ils sont pour ton bonheur.

ÉTUDE DE MŒURS DES SALONS.

—

Dans maints et maints salons, l'on voit la comédie,
Que les cercles brillants jouent avec perfidie.
On se loue, on se vante, on se presse la main,
L'on se traite d'ami quand le cœur n'est pour rien ;
Mais c'est par politesse, autant que par usage,
Qu'il faut être hypocrite et menteur davantage.
Le venin de l'envie exerce son pouvoir
Sur celui le plus riche : on voudrait son avoir.
—Mais qu'a-t-il fait de plus, dit-on dans ce grand monde,
Pour qu'ainsi la fortune en tout lui soit féconde ?
— Je n'en sais rien, ma foi, car vraiment c'est un sot,
Répond un petit-maître, il ne sait dire un mot ;
A son maintien commun l'on ne croirait, je gage,
Qu'un monceau de trésors soit à ce personnage.
— Ne vous en étonnez, répond un plus méchant,
Moi, j'en sais le secret, le pourquoi, le comment :
C'est un fin usurier, agioteur habile,
Qui pour tromper les gens n'est pas trop imbécile.

On le comble d'honneurs ; mais ce n'est qu'à Paris.

Il les reçoit sans gêne et n'en est pas surpris,

Sans trop s'inquiéter si c'est pour sa fortune

Qu'il eut huit voix sur dix pour être à la tribune ;

Sans cela, croyez-vous qu'il serait député ?

On acquiert cet honneur sans l'avoir mérité...

. . . .

Examinez un peu ce beau fashionable :

C'est un agent de Bourse ; il est très-charitable.

Tous ses pauvres clients se bercent dans l'espoir

Que par son aptitude il aura le pouvoir,

En jouant, fin de mois, d'augmenter leur aisance ;

Enfin le mois s'écoule, ils perdent l'espérance :

Leurs rêves séducteurs passent dans le néant,

Le chagrin les remplace... ils perdent leur argent.

Personne n'y voit goutte à ces agiotages ;

Celui qui les conduit a tous les avantages.

Qu'importe à cet agent, tout est à son profit,

Car cet homme excellent ne fait jamais crédit.

. . . .

Il n'en est pas de même au sujet du ministre

Que vous voyez là-bas... l'on dit qu'il administre
Ce que l'on lui demande avec intégrité,
Car l'argent n'effarouche en rien sa loyauté.
Il est très-empressé surtout pour les affaires
Dont les billets de banque sont de bons auxiliaires.
Il l'accepte sans honte et même sans rougir ;
En échange, il vous sert selon votre désir ;
Par sa protection il faut que l'on parvienne ;
Le plus fin n'y voit rien, vous arrivez sans peine.

. . . .

Voilà comme à présent ces spéculateurs d'or
Garnissent leur gousset, augmentent leur trésor.
Je n'en finirais pas... Mais il faut me restreindre...
Tout n'est pas bon à dire, on pourrait me contraindre
A garder en secret tous leurs petits péchés :
Eux qui prennent le soin de les tenir cachés.
Envers les indiscrets la justice est sévère
Que leur arrive-t-il ?... Une mauvaise affaire.
Moi, sans inquiétude, ainsi qu'aucune crainte,
On peut lire mes vers sans me faire une plainte.

BONTÉ DE DIEU ENVERS LES HOMMES.

—

Dans mon recueillement j'admire avec ferveur
Les chefs-d'œuvre divins de notre Créateur.
Ils enchantent mes sens par leur magnificence ;
Tout ce qui m'environne est plein de sa puissance ;
Mais mon style muet, mes moyens impuissants
Ne peuvent exprimer tout ce que je ressens...

. . . .

Tous les jours à genoux récitant ma prière,
Je lui donne mon cœur, mon âme tout entière.
Que c'est peu de valeur pour ce Maître divin
Chez qui tout est parfait, ne veut que notre bien,
Qui veille à nos besoins, à notre nourriture,
En comblant de trésors en tout lieux la nature.
Dans ses moindres secours il prouve sa bonté,
Ce Roi tant bienfaisant rempli de charité...

. . . .

Quand près de toi, grand Dieu ! retournera mon âme,
Que de ma vie enfin tu détruiras la trame,

Permets que, prosterné, je puisse à tous moments

Couvrir tes saints autels de myrtes et d'encens,

Que je mêle ma voix aux doux sons d'allégresse

A ces esprits heureux qui t'adorent sans cesse,

Jouissent d'un plaisir toujours pur et serein

Que mérite celui qui meurt en bon chrétien.....

    O palais de beauté ! Temple de ton empire !

Mille fois trop heureux le mortel qui t'admire !

Je n'ose pas prétendre à ce séjour heureux,

A moins que ta bonté n'exauce tous mes vœux.

RÉPONSE

A UN MONSIEUR QUI M'AVAIT FAIT COMPLIMENT DE MES VERS.

Croyez-le bien, monsieur, que de votre indulgence

J'apprécie en tout point l'extrême complaisance :

Car mon faible génie est fort loin de penser

D'être assez éloquent pour vous intéresser ;

Il est simple, sans art, et très-peu d'énergie ;

Pourtant, je le soutiens, car je suis son amie,

Soumise à sa pensée, il me dicte des vers
Que de mauvais plaisants tourneraient de travers.
Les hommes n'aiment pas une femme poëte.
Mieux vaudrait pour leur goût qu'elle restât muette.
A ce surcroît d'esprit, le sexe masculin
Arrête tout l'essor, entrave le chemin,
Et trouve rarement que nos œuvres sont bonnes,
Que le don de rimer n'est pas dans nos personnes.
Laissez, nous disent-ils, cette gloire au plus fort.
Bien ou mal vous ferez, vous aurez toujours tort...

. . . .

Que répondre à cela ? l'on garde le silence ;
Le moyen le plus sûr contre leur médisance...
Mais le cœur est confus, l'amour-propre blessé,
Et même quelquefois l'ouvrage est délaissé....

Pour moi, je vis à l'ombre, en ma simple retraite,
Ne cherchant pour mes vers pas la moindre conquête :
Le suffrage du monde est parfois bien méchant ;
Il déchire un auteur sans nul ménagement.
Nous plaisons aujourd'hui, mais demain, au contraire,
Ce que nous avons fait, il faudrait le refaire.

Le genre humain, hélas ! est exigeant, jaloux,
Moqueur, exagéré, lorsqu'il parle de nous.
J'entends sa médisance et le laisse médire,
Sans proférer un son, ni trouver à redire.
Mon silence parfois exprime bien des mots,
Que l'homme sage approuve, et qui confond les sots.

SOUVENIRS.

Ah ! restez dans mon cœur, paisible indifférence,
Vous n'avez de rivaux que dans ma souvenance ;
Mes amours sont partis sur les ailes du temps,
Pour ne plus revenir captiver tous mes sens ;
Temps mille fois charmant, règne de la tendresse !
Que votre empire est grand ! qu'il charme la jeunesse !

Dans l'âge heureux de plaire on captiva mon cœur,
Combien j'étais ravie auprès de mon vainqueur !

Ses yeux fixés sur moi magnétisaient mon être ;

Dans cet émoi divin je me sentais renaître :

Le doux son de sa voix me donnait du bonheur,

Et son moindre toucher faisait battre mon cœur.

Nous étions enchantés dans notre douce ivresse

Qui surpassait pour nous les grandeurs, la richesse...

. . . .

O tendre sympathie ! union des amours !

Pourquoi vous éloigner ? Bercez donc nos vieux jours ;

Mais non ; l'hiver de l'âge éteint ce feu de flamme,

Pour faire succéder la raison qui le blâme.

Le calme l'accompagne, ainsi que l'amitié.

Déesse secourable, et pleine de pitié :

Car c'est elle surtout qui, d'une voix amie,

Console notre cœur, fait tenir à la vie,

Remplace les désirs que donnent les amours ;

Son langage est sincère, il peut durer toujours...

. . . .

Si Cupidon nous fuit, bravons son inconstance ;

Ce dieu rit des vieillards qui veulent sa puissance :

Il n'aime à protéger que de jeunes amants ;

L'âge mûr est pour lui l'hiver sans le printemps.

Fou celui qui voudrait, après cinquante ans d'âge,

Inspirer de l'amour, fixer un cœur volage.

Ses beaux jours sont passés pour ne plus revenir ;

Mais si l'amitié reste, il peut encore jouir.

RÉFLEXIONS PHILOSOPHIQUES.

—

La vie est un torrent dont la source est amère,

Et qui ne perd son cours qu'englouti dans la terre ;

Là, le corps en poussière et l'âme dans le ciel,

Selon son jugement n'en boira plus le fiel.

Ce mystère sacré que Dieu seul doit connaître,

Tâchons d'en être digne au moment de paraître.

. . . .

Mais le pauvre souffrant qui manque de secours,

Accablé de misère en terminant ses jours,

Celui-là, je le crois, Dieu lui garde une place :

Car ses privations le mènent sur la trace ;

Dans la sainte Écriture il nous est enseigné

Que dans son tribunal on doit être assigné.

Au malheur, aux méchants, dont la vie est infâme,

Aux tyrans ambitieux, ils sont dignes de blâme...

. . . .

Si l'on pensait souvent à l'immortalité,

Et que l'on fût certain de cette vérité,

Oh ! combien d'entre nous, étant sur cette terre,

Purifieraient leur âme avant l'heure dernière !

Nous sommes tous pécheurs et dignes de pardon,

Notre juge suprême est un Dieu juste et bon ;

Mais il veut qu'on le prie avec persévérance,

Étant persuadé de sa grande puissance.

Que dans nos actions comme dans nos discours

La vertu charitable y séjourne toujours.

Pardonnons à celui qui se plaît à nous nuire,

Voilà le vrai moyen de gagner son empire ;

Car, ce n'est pas souvent au pied d'un saint autel

Que l'on peut parvenir au bonheur éternel.

Prions par sentiment et non par habitude,

L'âme ressentira bien plus de quiétude.

Notre religion veut que l'humilité

Se courbe près d'un prêtre avec sincérité,

Qu'on ne lui cache rien de notre conscience;

Mais la honte souvent nous tient dans la balance.

On tâche de pallier son péché le plus grand,

Ne l'avouant qu'un peu quand le cœur le dément.

Les protestants n'ont pas des devoirs si sévères;

Car leur religion a des lois moins austères.

Ils ont le même Dieu que nous autres, enfin,

Le même droit au ciel dans ce séjour divin;

Ils peuvent le gagner sans s'avouer coupables;

Le cœur souffre bien moins qu'aux pieds de ses semblables.

L'âme qui se confie au divin Créateur

Accuse ses péchés du profond de son cœur,

Elle ne cache rien à son Dieu, son grand maître;

Ses péchés les plus gros, elle lui fait connaître.

Après tous ces aveux, plein de contrition,

Qui dit qu'elle n'aura la satisfaction

D'être placée un jour dans le céleste empire?

Dieu veut qu'on se repente, et n'aime pas maudire.

Moi, je suis catholique, et je crois fermement
Qu'on peut gagner le ciel quoiqu'étant protestant.
Les gens fanatisés ne pensant pas de même,
Bien loin de m'approuver, me crieront : Anathème!
Ce n'est pas la grandeur qui fait le vrai chrétien,
Ni le sceptre des rois qui trace le chemin,
Ni tous ces faux dévots remplis d'hypocrisie
Qui diront que ma foi n'est que de l'hérésie;
Mais l'homme juste et bon, riche de ses vertus,
Dieu saura le placer parmi tous ses élus.
Craignons son châtiment, car il est notre maître;
Malheur à qui voudrait ne pas le reconnaître.

PASTORALE.

—

J'aime ta modestie, ô simple violette!
Ton emblème est pour moi l'ensemble d'Henriette;
Tu te plais à l'ombrage, aimant à te cacher;
Mais à ton doux parfum qui ne sait te trouver?

Gentille fleur des bois, ah! que n'es-tu ma belle!

Comme j'irais souvent respirer auprès d'elle!

Combien toujours mon cœur, épris d'un tendre amour,

Lui peindrait mes désirs aussi purs qu'un beau jour!

Elle saurait au moins que ma brûlante flamme

Captive tous mes sens et transporte mon âme.

Je lui dirais enfin qu'en elle est mon bonheur,

Que son éloignement me fait mourir le cœur...

.Faut-il encore longtemps attendre ta présence?

Voici bientôt un an que tu quittas la France;

Sur le vaste Océan, le funeste destin

T'arracha de mes bras (conçois-tu mon chagrin)?

Depuis ce jour fatal de douleurs et de peines,

Que je traîne après lui de bien pesantes chaînes!

Le séjour où je suis sans toi me semble affreux

Et sans cesse me dit que je suis malheureux.

Si je n'avais l'espoir qu'un jour, ô mon amie!

Je n'unisse mon sort au tien toute la vie,

L'on me verrait tomber comme la fleur des champs

Qui sur sa tige meurt dans son plus beau printemps...

A LA MÊME.

Rends réponse à ma lettre, ou c'en est fait de moi :
Si je tiens à la vie, ah ! ce n'est que pour toi.
Prends pitié de mon cœur, le chagrin le dévore ;
Assigne-moi l'endroit que ta personne honore.
Aussitôt près de toi je porterai mes pas ;
Peu m'importe le lieu, si je vois tes appas.
Tout comme ton esclave, à tes pieds, chère belle,
Tu trouveras sans cesse un ami bien fidèle ;
Ou tranquillise-moi par des écrits charmants,
Remplis de ton amour, de ces mots enivrants.
Tous ces riens si jolis, conçus par toi, ma chère,
Ranimeront mes sens par un plaisir sincère ;
Qu'au moins je sois bercé par le dieu des amours,
Pour supporter ma peine, en abréger le cours.

VERS ADRESSÉS A UN VIEILLARD DE 80 ANS

QUI CROYAIT ENCORE PLAIRE ET VOULAIT SE MARIER.

—

A votre âge l'on doit rester célibataire ;
Quand on a bien des ans parcouru la carrière,
Les chaînes de l'hymen aux portes du tombeau
Doivent être, je crois, un pénible fardeau.
Vous croyez, mais en vain, que les hivers de l'âge
Ne peuvent sur vos sens causer aucun ravage,
Qu'une jeune personne aimante et sans détour
S'unirait sans réserve à votre fol amour.
Détrompez-vous, mon cher : cette douce colombe,
Son seul désir serait de fermer votre tombe.
Des exemples pareils se voient assez souvent :
L'intérêt seul domine et non le sentiment.

. . . .

Des parents orgueilleux livrent leur jeune fille
A l'homme le plus riche ; ils veulent qu'elle brille.

N'importe s'il est vieux, et s'il ne lui plaît pas ;
Sa fortune y supplée, et l'or a tant d'appas !
La voilà donc enfin au sein de son ménage,
N'éprouvant de l'hymen que le triste esclavage ;
Cupidon s'en effraie, arrive à son secours.
Ce dieu malin lui dit : Pourquoi, dans tes beaux jours,
T'éloignes-tu de moi ? viens, j'aime le mystère ;
Je guiderai tes pas dans l'île de Cythère ;
Crois-moi, ne tarde pas. Là, ton cœur satisfait
Te dira que l'amour est un bonheur parfait.
Ce palais enchanteur que ma mère gouverne
Protége les amants en bonne souveraine.

. . . .

Si ce rusé démon peut captiver ses sens,
Combien par son empire elle aura de tourments !
Qu'elle évite ses traits, ses flèches sont cruelles ;
Elles blessent les cœurs et les rend infidèles.
Il en sourit de joie et demande des pleurs :
L'amour le veut ainsi pour prix de ses faveurs.
Alors la jalousie arrive à sa parole ;
Aussitôt par son ordre il faut qu'on se désole,

C'est son plus grand plaisir, car il règne en tyran,

Et l'on ne craint ses fers, tant son charme est puissant !

Ce dieu de l'univers veut qu'on porte ses chaînes,

Sans craindre que leur poids donne de grandes peines ;

Et l'austère raison, malgré tous ses efforts,

Lui pardonne toujours l'inconstance et ses torts.

. . . .

Mais malheur à l'épouse au sein de son ménage

Qui brave sans respect les nœuds du mariage,

En ne comptant pour rien son infidélité,

Lorsqu'elle n'a de droits que dans l'obscurité.

N'importe si l'époux est un homme volage,

Pour son titre sacré, faut qu'elle reste sage.

Exempte de reproche, au moins son chaste front

Ne pourra pas rougir de honte ni d'affront.

Mais si l'homme est âgé, la triste jeune femme,

Ses beaux jours passeront sans ressentir de charme :

Voilà donc son destin, rigoureux point d'honneur !

Il faut que ses désirs fassent taire son cœur ;

Sans cela, pas d'excuse à la femme adultère :

Les hommes l'ont prescrit, redoutez leur colère.

3

Que de crimes, hélas, causés par les amours !
Sans que rien jusqu'alors ait arrêté le cours.

. . . .

Dans l'âge heureux de plaire, évitez, jeunes filles,
Ces beaux amants trompeurs, le tourment des familles :
Ils ont le don de plaire, et veulent être aimés ;
Redoutez que vos cœurs ne se trouvent charmés.
Conservez avec soin votre pure innocence,
Car une fleur flétrie est presque sans essence.
L'amant qui la dérobe avant que d'être époux,
Dédaigne son parfum et ne veut plus de vous.
Cependant il en est dont la délicatesse
S'unissant à l'honneur épousent leur maîtresse.
Ne vous y fiez pas : car le nombre est restreint,
Et souvent à sa suite il mène le chagrin.
Pourquoi ? C'est que l'époux, quand sa tête se monte
Peut injurier sa femme et l'accabler de honte ;
Sans rime ni raison s'exprimant en jaloux,
La pauvre femme, hélas ! ne peut que filer doux,
Pour ne pas l'irriter dans ce moment critique,
Car ses plaintes auraient de suite une réplique.

Si cette épouse est mère, alors son triste cœur

Pourra sentir encor des instants de bonheur.

Auprès de ses enfants, son sein rempli d'ivresse

Donnera pour chacun une tendre caresse.

. . . .

Combien je plains mon sexe, et veux le soutenir !

N'est-il pas le plus faible et sujet à souffrir ?

Ne le dénigrons pas, ayons de l'indulgence ;

Car, quiconque médit doit craindre la vengeance :

Mais celles sans pudeur, dont le déréglement

Fait honte à notre sexe en se prostituant ;

Ce vice dépravé qui corrompt leur jeunesse

N'imprime sur leur front que mépris et bassesse ;

Le malheur et les maux accompagnent leurs jours,

Et pourtant, malgré tout, je les plaindrai toujours.

. . . .

Dès l'instant qu'on m'apprend qu'un enfant vient de naître

Ma première pensée est de vouloir connaître

Si son sexe est celui de mon affection.

Si par l'effet contraire, on dit : C'est un garçon,

Alors, je dis : Tant mieux pour lui, pour sa famille;
Son sort est préférable à celui d'une fille.

—oo°o°oo—

ÉPITRE SUR UN MONSIEUR AGÉ

ET PLEIN DE PRÉTENTIONS.

—

Il faut de mons Lafon qu'un peu je m'entretienne :
C'est un bon paroissien, sa vie est bien chrétienne;
Pour pouvoir plaire aux gens tous les rôles lui vont.
Il fait bien le Tartuffe ainsi que le Gascon :
Il pense intéresser en fait de gasconnade,
Et le cher homme veut, même il se persuade
Que l'on croit ses propos qui n'ont le sens commun,
Et qui sont aussi vrais que trois et deux font un.
. . . Ah ! pauvre chevalier du pays de Verdaine[1],
Combien auprès de moi vous avez eu de peine !
A vouloir malgré tout roucouler vos amours;

[1] Son pays natal.

Votre flamme expirante et tous vos sots discours...

. . . .

Vous êtes chevalier, d'après ce que vous dites ;
Mais, de quel ordre, enfin ? de celui des jésuites ?
Je ne me trompe pas ; oui, j'ai trouvé le mot.
Vos vertueux conseils le disent aussitôt...

. . . .

Rappelez-vous qu'un jour, ne voulant vous entendre,
Vos impudiques yeux me firent bien comprendre
Que pour moi vous brûliez d'un amour libertin,
Et que tous vos désirs ne voulaient point de frein.
Vous tîntes un discours que j'ai honte d'écrire ;
Cependant.... je poursuis... nullement pour médire,
Ni même me venger : mon cœur n'est pas méchant ;
Mais il veut vous conter votre entretien charmant.
Le voici mot pour mot ; d'avance, je le jure...
Attention ! mon cher, la phrase est noble et pure :

Je veux depuis longtemps posséder ta personne ;
N'oppose aucun refus, ma volonté l'ordonne.
Puis, pour me faire peur, tout comme un vrai cafard,
Vous me montrez un Christ, et de suite un poignard...

O grand Dieu de bonté, qui pourrait bien le croire,
Que l'on profane ainsi ta sublime mémoire,
Sous le masque imposteur vois la religion
Qu'un Tartuffe dégrade avec dérision.

. . . .

Alors, dans mon mépris, je m'armai de courage,
Et je le forçai bien à regagner le large.
A la porte aussitôt je le fis parvenir,
Avec défense expresse à ne plus revenir
Troubler ainsi mes sens, épuiser ma patience
Par son amour infâme et rempli d'impudence.

. . . .

Si sur monsieur Lafon je viens de trop parler,
Je crois que le patron a su se l'attirer.
Je devrais cependant respecter son grand âge,
Ne jamais clabauder tout ce vil bavardage;
Avoir plus d'indulgence envers ce faux dévot,
Juger ses actions comme celles d'un sot.
Mais enfin, je l'ai dit, et ne m'en repens guère;
S'il se fâche, tant mieux, je crains peu sa colère;

ÉPITRE A LA MORT

Au sujet d'une jeune personne atteinte d'une maladie mortelle,
et ne pouvant épouser celui qu'elle aimait.

O mort! hâte-toi donc, précipite tes pas,
Approche sans tarder, viens, je te tends les bras.
Depuis deux ans et plus ma faible voix t'appelle ;
Tu restes à mes cris insensible, cruelle,
Tu ris de mes tourments et sembles t'applaudir
De voir couler mes pleurs, de m'entendre gémir.
Le sommeil pour toujours a fui de ma paupière,
Pour me laisser en proie à ma douleur amère.
Je n'ai plus de plaisir, je n'ai plus de bonheur ;
Le calme est à jamais éloigné de mon cœur.
Les dieux m'ont tout ôté; tout, jusqu'à l'espérance,
Ce bien qui des humains allége la souffrance;
Cherchant la solitude au milieu des forêts,
Seule, j'y vais pleurer mes ennuis, mes regrets.
Mes oiseaux, mes amis, n'ont plus pour moi de charmes;
Tous mes jours et mes nuits s'écoulent dans les larmes...

. . . .

Funeste destinée... inexorable mort !

Mets un terme à mes maux, viens terminer mon sort ;

Arrive sans tarder, abrége une existence

Qui toujours a du sort éprouvé l'inconstance.

Hélas ! pour mon malheur, je connais le tourment

De posséder un cœur trop bon, par trop aimant.

Lorsque le Divin Maître abrégera ma vie,

Qui n'est, selon mon cœur, qu'une longue agonie,

Ne redoutant plus rien, dans le sein du repos,

J'espère enfin trouver l'oubli de tous mes maux,

Puisqu'ici-bas la vie est un tissu de peines

Qui ne nous fait porter que de pesantes chaînes.

Car ayant éprouvé tous les coups du destin,

Le malheur qui me suit ne peut avoir de frein.

La mort est maintenant mon unique ressource ;

Qu'elle est lente à venir ! Qui l'arrête en sa course ?...

. . . .

Vous que je protégeais !... quand je ne serai plus,

Ne vous répandez pas en regrets superflus ;

Mais dites-vous plutôt : Maintenant, plus heureuse,

Au céleste séjour son âme très-joyeuse

Respire le bonheur.... jouit tranquillement
D'un calme précieux, d'un sommeil bienfaisant.
Son cœur à la pitié fut toujours accessible;
Mais hélas ! à l'amour ce cœur fut trop sensible.
Elle était bonne en tout, aimant faire le bien,
Protectrice du pauvre, elle en fut le soutien.

———oo§o§oo———

A UNE DAME AGÉE

Qui aimait beaucoup les sucreries ainsi que les jeunes gens,
qui m'avait demandé que je lui fisse des vers
pour l'amuser.

—

Chère dame Perrou, vous voulez que ma Muse
M'inspire un impromptu qui plaise et vous amuse.
Attendez... m'y voilà... vous aimez les bâtons
Qui sont en sucre d'orge... après les bons bonbons;
Mais encore autre chose ; ici, je dois le dire,
Que vous avez bon goût : vrai, ce n'est pas médire,
Car les messieurs Quillet sont, par ma foi, charmants;
Vous vous y connaissez, en chérubins galants.

Mais, prenez garde à vous... faites bien sentinelle,
Je suis jalouse enfin, jalouse très-cruelle ;
Je veux en avoir un, quoiqu'il dût m'en coûter
Vingt sucres d'orge au moins pour vous bien régaler :
Bonne provision pour votre bonbonnière,
Et votre boursicaut y gagnera, ma chère.
Je vous vois me sourire en me disant soudain :
Tu me prends par mon faible, et sur ce, je veux bien.
Ainsi, c'est convenu, c'est une affaire faite ;
Pour passer les accords, j'apporte une galette.
Sachez qu'elle me coûte au moins quinze bon sous...
(Ah ! Quillet, que je fais de dépenses pour vous ! !)

. . . .

Mais, si vous m'en croyez, nous allons au plus vite
Couper le pot-de-vin, pour le manger de suite...
Après, persiflez-moi, riez de cet écrit,
Vous avez le champ libre, et moi le bon esprit
De ne point me fâcher, ni me mettre en colère :
Dites que c'est mal fait, je croirai le contraire.

RÊVERIE POÉTIQUE.

—

Écho de mes soupirs, allez jusqu'à ma belle ;
Dites-lui que mon cœur n'aime et désire qu'elle,
Que loin de ses attraits, mon amour mal éteint
Renaît pour m'enflammer de tout son feu divin.
Cette flamme divine émane de son être,
Qui me la prodigua quand son cœur la fit naître.

. . . .

———oo×o×oo———

A LA MÊME.

—

Amie, il t'en souvient, qu'auprès de ton vainqueur,
Quel empire magique enivrait tout mon cœur ;
Ta candeur rehaussait ton aimable personne,
Bien mieux que n'aurait fait l'éclat d'une couronne.
Je lisais dans tes yeux, remplis d'un chaste amour
Ta naïve amitié pure comme un beau jour...
Par mes serments trompeurs j'ai captivé tes charmes,
Et mon cœur inconstant t'a laissé dans les larmes.

Malheureux que je suis ! j'ai quitté ce trésor
Pour des folles amours, et je respire encor ! ! !
Dans le sein du repos ma double vue admire
Tes charmes séduisants, ton gracieux sourire,
Sous l'ombrage d'un chêne où j'ai gravé ton nom,
Tremblant je m'agenouille implorant ton pardon.
Le silence des bois ajoute à ma tristesse
Pour faire mieux sentir le chagrin qui m'oppresse.
Vainement je t'appelle, et l'écho de ces bois
Répond dans le lointain faiblement à ma voix.
Sitôt que le zéphyr agite le feuillage,
Je crois, dans mon prestige, entendre ton langage.
J'écoute : mais, hélas ! ce doux enchantement
S'éloigne avec vitesse, et redevient néant.

. . . .

Il faut que je te voie : accorde à ma souffrance
Un instant de bonheur, un instant d'espérance !
Tes yeux ne pourront voir sans répandre des pleurs
Ton malheureux amant, l'excès de ses douleurs ;
J'implore ton pardon, mon chagrin est sincère
Mais ne crois pas surtout que je te l'exagère.

Je vole auprès de toi sans craindre ton courroux ;

S'il dédaigne mon cœur, je meurs à tes genoux :

Je serai satisfait... peu m'importe de vivre,

Conservant sans espoir un amour qui m'enivre.

Juge sans différer ma résolution,

Prononce mon arrêt, si je n'ai ton pardon.

RÉPONSE A LA LETTRE PRÉCÉDENTE.

Je reçois votre lettre ; avant que de la lire,

Je confie au papier mon douloureux martyre.

Depuis deux ans d'absence, ignorant le séjour

Où votre cœur léger brûla d'un autre amour.

Le mien fit mon malheur ; mais quand sa souvenance

Me dit qu'en vous aimant, j'ai perdu l'innocence,

La honte m'environne, et pourtant sans rougir,

Je pardonne à celui qui me la fait surgir.

Dès votre éloignement, une tristesse extrême

Ne me quitte jamais, se fixe dans moi-même ;

Mon père, mon bon père, ignore mon chagrin ;
Qu'il l'ignore toujours : car ce serait sa fin.
Ma mère, qui le sait, me donne l'espérance
Que vous m'aimez toujours, malgré votre inconstance.
En me berçant ainsi je supporte mon sort,
Qui, sans mes bons parents, me donnerait la mort...

. . . .

Mais le dieu des amours près de moi te ramène ;
Mon bonheur est si grand, que je le crois à peine :
Tu peins en traits de feu ton profond désespoir ;
Tu sais combien ton style a sur moi de pouvoir...
Car ta lettre enchantée exhale dans mon âme
Un suave bienfait qui m'enivre et m'enflamme.
Arrive sans tarder, mon bien-aimé vainqueur ;
Ton règne est près de moi; ton trône est dans mon cœur.
Que le dieu de l'hymen unisse pour la vie
Ta personne adorée à ta fidèle amie.

ABRÉGÉ DES MYSTÈRES DE PARIS.

ÉPITRE A MONSIEUR EUGÈNE SUE,

Auteur des Mystères de Paris.

—

Eugène, tes écrits sont remplis de prodiges ;
Ton style est étonnant, il donne des vertiges.
Mais, dis-moi donc, ami, quel est le dieu malin
Qui gouverne ta tête et fait aller ta main ?
Cet esprit enchanteur est un démon, un ange
Dont l'âme sympathise à ton génie étrange,
Pour tracer de Paris les mystères secrets,
Qui glacent d'épouvante en lisant leurs forfaits.
Tu peins en traits de feu la sagesse, les vices ;
Ta plume se dirige au gré de tes caprices ;
Je la suis en tous lieux, car c'est un talisman
Que je ne peux quitter, tant le charme est puissant ;
Aussi me conduit-elle où ton esprit la guide ;
C'est un maître profond, la gloire est son égide.

Que ton Rodolphe[1] est grand ! J'admire avec bonheur

Ses vertus, son audace, ainsi que son bon cœur.

Sa justice est terrible envers tous ces infâmes ;

Mais ces monstres affreux, Satan, tu les réclames !

En revanche, il secourt l'ouvrier malheureux ;

Son plaisir le plus doux c'est de le rendre heureux ;

Devenant leur égal, pour les juger sans cesse,

Tous les rôles lui vont, sans blesser sa noblesse ;

Son âme la surpasse, et pourtant il est roi.

Tous ses premiers sujets se courbent sous sa loi :

Ennemi de l'orgueil, il n'aime sa puissance

Que pour être humble et grand dans toute sa clémence.

Et toi, bonne Marie ![2] aimable enfant d'amour,

Le malheur t'accabla dès que tu vis le jour.

Jamais ton jeune cœur ne palpita d'ivresse

Sur le sein d'une mère où règne la tendresse :

La tienne, sans pitié, ne voulut pas sentir

Tout le charme divin d'un aussi grand plaisir.

[1] Rodolphe, grand duc de Géroldstein, héritier de la couronne.
[2] Marie, enfant d'amour de la comtesse Sara et de Rodolphe.

Elle fut inhumaine au cri de la nature ;

Son âme altière et froide approuva ce parjure.

Ne voulant que régner, n'aspirant qu'aux honneurs,

Ses mauvais sentiments éloignaient ces douceurs.

Rodolphe, qui l'aimait d'un amour bien sincère,

S'abstenait de la voir, craignant son caractère.

Je la blâme beaucoup, mais n'ose la juger.

J'aimerais beaucoup mieux pouvoir la protéger.

Pour comble de malheur, on te met en tutelle,

Chez Jacques l'usurier, ce notaire infidèle, [1]

Cet avare hypocrite, autant que libertin,

Chez qui la soif de l'or ne connaît point de frein.

Existe-t-il sur terre un être plus infâme ?

Ce tigre plein d'horreur, d'effroi glace mon âme.

Tous les vices lui vont pour assouvir ses feux,

Pour satisfaire enfin son amour monstrueux,

Que n'employa-t-il pas pour jouir de Louise !

Les plus affreux moyens que le crime autorise ;

[1] Jacques Férand, notaire, chez qui l'on avait déposé 150,000 fr. pour élever Marie.

4

Mais pour toi, chère enfant, il n'en fut pas ainsi.

N'aspirant qu'à ta mort, à ta fortune aussi.

Dès lors il s'en empare, et veut que ta personne

S'éloigne de chez lui ; sa volonté l'ordonne.

Sa complice aussitôt te dépose en les mains

D'une femme sans mœurs, le rebut des humains. [1]

Enfin, il faut pourtant qu'en proie à la misère,

Tu passe ton enfance avec cette mégère,

Exécrable démon, des serpents venimeux

Que jamais ait produit la vengeance des dieux.

Hélas! pauvre petite, arme-toi de courage ;

Le vice te poursuit, l'opprobe est ton partage.

L'abîme est sous tes pas, il écroule avec toi :

La Chouette le veut, tu marches par sa loi.

D'abord, pour commencer, faut que tu t'habitues,

Pour gagner de l'argent, à vendre dans les rues.

Elle en veut malgré tout, n'importe le métier,

Si tu n'en donnes pas on saura te châtier.

---

[1] Que l'on nommait la Chouette, et qui était marchande de friture sur le Pont-Neuf.

Redoute son courroux, sa vengeance est atroce...

Quoi! tu manques de pain! et tu n'as pas la force

De te soustraire aux coups de ce diable malin?

Il faut donc que tu meures! de peine, de besoin !!

Va, prends un sucre d'orge[1], alimente ton être,

Ce bien petit larcin ne pourra se connaître;

Mais elle en sait le compte; ha! malheureuse enfant!

La voilà qui te tient, et t'arrache une dent!

Quitte ce monstre, et cours où le destin te mène ;

Si tu retardes trop, ta mort est bien certaine...

. . . .

Tu diriges tes pas dans un quartier lointain,

Ne connaissant personne, on t'arrête soudain :

N'importe, te voilà dehors du précipice,

Et chez les orphelins déposée à l'hospice.

Là, ton cœur plus tranquille éprouve du bonheur.

Le moindre le ravit, bon ange de douleur!

Il me semble te voir dans ce modeste asile,

Plaire à toutes les sœurs, leur être bien docile,

[1] Marie vendait des sucres d'orge.

Remplir toujours ta tâche et travailler beaucoup;
Par tes soins assidus devenir leur bijou.

. . . .

Tes compagnes aussi sont comme toi, ma chère,
De malheureux enfants n'ayant que Dieu pour père;
Mais sa clémence est grande envers tous ses sujets;
Les moindres ici-bas, ont part à ses bienfaits.
Il veille à nos besoins, à notre nourriture
En comblant de trésors, en tous lieux, la nature
Aussi tu le bénis, il adoucit ton sort,
Par le choix d'une amie et dont le doux accord
Sympathise avec toi, cette gente fillette,
Est, à n'en pas douter, l'aimable Rigolette;
Toujours son frais minois rayonnant de gaîté,
Exprime la franchise autant que la bonté.
Profite des moments où vous êtes ensemble,
Que les jeux, l'amitié toutes deux vous rassemble;
Le temps approche, hélas! l'on va vous désunir
Pour toi, pauvre petite, adieu tout le plaisir.

[1] Rigolette était comme Marie aux Enfants-Trouvés.

. . . .

Te voilà donc encore en butte à la misère,

Le sort ainsi le veut; mais comment vas-tu faire?

Que vois-je! le hibou[1], ce monstre te poursuit;

Je tremble en la voyant; tout mon corps en frémit.

La voilà qui t'attrape et t'emmène avec elle;

Prends pitié de Marie, exécrable cruelle!!!

Tu ris de son tourment, et sembles t'applaudir

De voir couler ses pleurs, de l'entendre gémir!

Et quoi! tu la conduis dans un repaire infâme,

Sans crainte, ni remords, rien n'émouve ton âme!!

Tu l'offres à l'Ogresse[1]; encor plus, tu la vends!

C'est le comble d'horreur, des vices les plus grands.

. . . .

Elle n'a pour soutien, dans sa honte profonde,

Que d'affreux scélérats, rebut de tout le monde...

Par hasard un d'entre eux compâtit à ses maux;

A quelque peu d'égard, allége ses travaux;

[1] La Chouette retrouve Marie, et la vend à une femme prostituée qu'on appelait l'Ogresse. Sa maison recelait tout ce qu'il y avait de bandits, hommes et femmes.

Mais hélas ! est-ce assez pour toi, chère Marie,

Pauvre enfant de l'amour, belle vierge flétrie !

Tu n'as du déshonneur que le superficiel ;

C'est ton âme qu'on juge et non le matériel :

Ainsi, rassure-toi, compte sur la clémence ;

La vertu t'accompagne, elle prend ta défense.

Voici ton protecteur [1] qui visite ces lieux :

C'est un homme parfait autant que courageux.

Il en donne la preuve en venant à ton aide,

Courant au Chourineur [2], à coups de poings l'excède.

Enfin, qui le croirait, qu'harrassé par ses coups,

Ce forçat redouté devienne honnête et doux !

Il est même content d'avoir trouvé son maître,

Lui qui, jusqu'à ce jour, n'avait pu le connaître.

La valeur de son bras le porte désormais

A l'aimer, le bénir, ne l'oublier jamais...

. . . .

[1] Rodolphe vient visiter cette maison.

[2] Le Chourineur, homme féroce, sortant des bagnes, qui cherchait querelle à Marie et la battait.

Plus tard nous le verrons, combien il l'intéresse,...
Rodolphe te remarque ; il juge ta sagesse,
Il en connaît le prix : car son œil scrutateur,
Lui fait apercevoir l'éclat de ta candeur.
Ton céleste visage, inondé de tes larmes,
Électrise ses sens d'un chagrin plein de charmes.
Les droits de la nature en ce divin moment,
Pourquoi ne disent-ils : Marie est ton enfant !
Dès ce jour, aussitôt, voulant cesser ta peine,
Il t'achète à l'Ogresse, et de suite il t'emmène...

. . . .

Comme ta joie est grande ! il me semble te voir,
Tout ton être est ému de plaisir et d'espoir ;
Tu parcours lestement la campagne fleurie,
La solitude plaît à ton âme attendrie.
Pour distraire tes goûts, Rodolphe fait le choix
D'une ferme excellente, en tout digne de toi :
Tu trouves une amie attentive à te plaire,
Veillant à tes besoins comme une tendre mère ;
Tous les gens du village admirent ta beauté ;

Le pasteur de ces lieux vante ta charité ;

Ton esprit sans orgueil, comme sans artifice ;

Car ton cœur ne connaît ni détour, ni malice.

Son plaisir le plus doux est de faire du bien :

Car le bonheur d'un autre est pour lui tout le tien ;

Mais aussi tes bienfaits ont une récompense ;

Les pauvres, chaque jour, bénissent ta présence.

Tu goûtes le repos, tu ressens le bonheur,

Croyant trouver enfin un terme à ton malheur.

Il n'en est rien pourtant, on en veut à ta vie ;

Des monstres acharnés, conduits par la furie [1],

Te guettent sans relâche et suivent ton chemin ;

Te connaissant si bonne, ils te tendent la main.

Sitôt tu les secours... ton âme généreuse

Est loin de se douter de cette trame affreuse.

Car c'est au moment même où l'ingrat Tortillard [2]

Implorant ta pitié, que ce gueux sans égard

Te saisit par le corps, malgré tes cris, tes larmes,

[1] La Chouette.

[2] Tortillard était un gueux hypocrite.

Et te livre aux tyrans qui bravent tes alarmes.

Il te faut donc les suivre, ô chagrin ! ô douleur !

Dans un lieu mal famé, repaire au déshonneur,

Et c'est à Saint-Lazare, infâmant ta conduite,

Par d'ignobles propos, qu'ils te mènent de suite...

. . . .

Voilà donc désormais où vont couler tes jours,

Dieu de miséricorde ! est-ce là ton secours !

Non ; ta grande justice éprouve sa sagesse,

Pour épurer son âme, afin d'être sans cesse

Digne de tes bontés, paraître dans les cieux

Pouvoir mêler sa voix aux chants religieux,

Savourer le bonheur de la joie éternelle

Que les esprits parfaits ne trouvent qu'auprès d'elle...

. . . .

Comme elle est belle à voir dans ce séjour hideux,

Pacifique dans tout, que de soins généreux !

Quelle bonté touchante envers toutes ces femmes,

Dont les cœurs ulcérés par des vices infâmes

N'inspirent que mépris... se mettant à leur rang,

Pour mieux les conseiller, alléger leur tourment,

Leur servir de mentor par son doux caractère,

Et devenir en tout leur ange tutélaire.

La Louve [1] en l'abordant, l'admire avec respect ;

Cette fille terrible est douce à son aspect.

Au son de ses accents, sa colère se calme :

Car tout ce qu'elle dit la pénètre... la charme.

La supérieure aussi, pour adoucir son sort,

La traite avec égard, et veut, par son rapport,

Faire au plutôt cesser son pénible esclavage.

Mais une trame ourdie... ô malheur ! ô dommage !

Par ce Jacques Férand, ce génie infernal

Qui désire sa perte, et n'aime que le mal,

A trouvé le moyen d'obtenir sa sortie ;

Hélas ! pour cette fois, c'en est fait de sa vie.

Pour atteindre son but, sans donner de soupçon,

Il veut que sa complice [2] aille dans sa prison

[1] La Louve, une des plus dépravées de Saint-Lazare.
[2] Femme dépravée qui vivait avec lui.

Comme une protectrice en tout bien charitable,
Qui connaît les vertus de cette fille aimable,
Vient pour la retirer de suite de ces lieux :
On la laisse partir, elle fait ses adieux.
L'infâme est satisfaite en retrouvant sa proie,
Et la bonne Marie au comble de la joie.
Je te suis mon enfant, j'accompagne tes pas,
L'amitié me conduit en me disant tout bas :
Va, cours sans différer où le destin la mène ;
Si tu retardes trop, sa mort est bien certaine.

. . . .

Mais j'aperçois de loin l'île du Ravageur ;
Vous arrivez tout près d'un bateau de pêcheur ;
Vous y voilà dedans, et même en pleine Seine.
La nacelle chavire, elle coule avec peine ;
Ce sont les Martials, les valets du bourreau,
Qui gouvernent la rame ; ils penchent le bateau.
Juste ciel ! je devine. Ils vont,.. les exécrables,
Pour quelques pièces d'or, noyer ces misérables.
Je ne me trompe pas... leur crime est consommé ;

Mon sein bat d'épouvante ; il se sent abîmé....

. . . .

Au secours ! au secours ! ah ! sauvez-leur la vie !
Si ce n'est toutes deux, au moins Fleur-de-Marie.
Une femme survient, d'un bond impétueux
Se plonge dans les eaux, disparaît à mes yeux.
Je tremble aussi pour elle... enfin, je la retrouve,
Je distingue ses traits ; O bonheur ! c'est la Louve !
Courage, bonne Louve, active tes efforts,
Ta protectrice est là qui descend chez les morts ;
Tu franchis le courant... et braves la souffrance ;
Ton dévoûment sublime aura sa récompense.
Grand Dieu ! tu l'aperçois, tu viens de la saisir ;
Ah ! ne la lâche pas, plutôt cent fois mourir !
Ton bras nerveux la tient... vous gagnez le rivage !
Vous sortez du torrent ! je vous vois sur la plage !
Elle respire encore... implorons pour ses jours :
Céleste Providence, accorde ton secours.
Tu réponds à nos voix, tu montres ta puissance !
O prodige ineffable !... un médecin s'avance ;

C'est de toi qu'il nous vient... il accourt près de nous ;

En la voyant, il dit : Amis, consolez-vous :

J'espère la sauver ; mais il faut au plus vite

Qu'elle soit transportée à l'endroit que j'habite ;

Sa voiture s'approche, et cet homme excellent

Y dépose Marie ; ils partent d'un pas lent.

Aussitôt arrivés, que de soins on lui donne !

Que dégards délicats l'on a pour sa personne !

La santé lui revient, son digne bienfaiteur

Ne l'interroge en rien, craint d'attrister son cœur.

. . . .

Depuis qu'elle n'est plus dans la ferme à Rodolphe,

Que de chagrins il a de cette catastrophe ! !

Lui qui la chérissait, voulait faire son sort ;

Car elle remplaçait son enfant qu'il croit mort,

La fille de Sarah, doux fruit de sa tendresse,

De cet amour naissant, conçu dans sa jeûnesse ;

Ces jolis souvenirs lui retracent parfois

Combien il fut trompé par celle de son choix...

. . . .

Hé bien, ils vont se voir, étant presque mourante,
Elle veut lui conter tout ce qui la tourmente.
De sa voix affaiblie, il apprend,.. ô douleur !
Les peines qu'a souffert son enfant de malheur.
Pour combler son chagrin, cette fille chérie,
Livrée à ses bourreaux, n'est autre que Marie.
Lui qui la possédait... ô regrets superflus !
Il la retrouve quand elle n'existe plus,
Ne mettant plus de frein à sa juste colère,
Sa malédiction éclate tout entière.
Elle frappe Sarha, l'abreuve de remords,
Ce dernier châtiment lui fait haïr ses torts...

. . . .

La baronne d'Harville [1] ayant la connaissance
Que Rodolphe avait eu Marie en sa puissance,
Dans le but généreux d'une bonne action
(Elle savait aussi sa disparition),
Cette charmante amie, attentive à lui plaire,
Veut ne rien négliger pour savoir ce mystère.

[1] La baronne d'Harville, excellente femme, amie de Rodolphe.

Dès l'instant elle cherche en maints et maints endroits,

A Saint-Lazare, enfin, sous ces ignobles toits,

Elle voit l'orpheline ; admire son courage,

Sa résignation dans ce lieu d'esclavage...

. . . .

Me voilà, chère enfant, comptez sur mon secours.

Demain sera pour vous un de vos plus beaux jours.

Je viendrai vous chercher... Mais dans cet intervalle,

On la livre en les mains d'une femme infernale.

Nous le savons déjà, sans qu'elle en sache rien ;

Aussi ce qu'on lui dit l'accable de chagrin.

Sans se décourager dans sa bonne entreprise,

La voilà qui parcourt, voulant que l'on lui dise

Quelques renseignements... N'apprenant rien de bon,

Elle porte ses pas chez le docteur Griffon [1],

Ancienne connaissance, ami de sa famille ;

O surprise ! ô plaisir ! comme sa gaîté brille !

Elle y trouve Marie, ils décident entre eux

Qu'elles vont au plus tôt s'éloigner de ces lieux,

[1] Le médecin qui a sauvé Marie.

Que Rodolphe l'attend, désire sa présence ;
Combien la pauvre enfant palpite d'espérance.
Se revoir tous les deux, son cœur s'en réjouit,
Lui qui la croyait morte, ô bonheur inouï !
Les voilà donc heureux ; ils n'auront plus d'alarmes.
Je vois ce doux spectacle, et je verse des larmes...

Viens mon enfant chéri ta place est sur mon sein ;
Mes titres mes grandeurs, près de toi ne sont rien.
Tendresse paternelle, élan de la nature,
En vous tout est divin, rien n'est à l'imposture
La sensible baronne, à ce tableau touchant,
Partage leur ivresse, est dans l'enchantement.

Ce père, plein d'honneur, se vouant à sa fille,
Pour la légitimer, qu'elle ait une famille,
Se décide aussitôt à s'unir à Sarah :
Le sacrifice est grand ; mais il s'accomplira.
Elle va donc régner ; comme sa joie est grande !
Sans songer que la mort est là qui la demande ;
Son illustre futur, grand-duc de Girostin,

Rodolphe, prince et roi, vient lui donner sa main.

On fait le mariage à son heure dernière ;

Sa fille n'est pas là pour fermer sa paupière.

On lui rend les honneurs que demande son rang :

Les pompes, les grandeurs suivent l'enterrement...

. . . .

Maintenant l'un et l'autre ils vont, dans l'allégresse,

Passer des jours heureux au sein de la richesse :

Rodolphe va mener sa fille en ses états,

Au milieu de sa cour, chez de grands potentats.

Ils partent sans retard, joyeux de leur voyage.

A peine hors de Paris, des monstres pleins de rage

Arrêtent leur voiture ; ils vont faire un malheur,

Mais un homme s'élance, et c'est le Chourineur...

Reconnaissant son maître, il veut, par sa vaillance,

Les sauver du péril au prix de l'existence .

Une lutte acharnée absorbe ses efforts ;

Il tombe sous leurs coups, on lui perce le corps.

Dans ce moment suprême il invoque Marie

De prier pour son âme ; il est à l'agonie.

Il est anéanti ; mais avant de mourir,
Ses yeux cherchent Rodolphe afin de le bénir.
Il est auprès de lui, sa main presse la sienne ;
A cette douce étreinte il expire sans peine.
Les voilà de nouveau qui suivent leur chemin ;
Sans aucun accident ils gagnent Gérolstin.
Le grand prince royal, enivré de sa fille,
La montre à ses sujets, partout veut qu'elle brille.
Elle brille en effet, mais c'est par sa candeur :
L'orgueil un seul instant ne règne dans son cœur.
Au centre de la cour, la princesse Émilie
(C'est le titre, à présent, que doit avoir Marie),
Ne pouvant oublier son opprobre infâmant,
Plus on lui rend d'honneurs, plus elle le ressent...

. . . .

Un jeune et beau seigneur, très noble personnage,
Séduit par ses attraits, sitôt son cœur s'engage.
Le désir de lui plaire électrise ses sens ;
Son doux regard le dit bien plus que ses accents :
La princesse le voit,... feint de ne pas comprendre ;

Élude de connaître un sentiment si tendre ;

Elle aime, cependant... Rigoureux point d'honneur !

Ton épreuve est pour elle un surcroît de douleur !

Son courage s'épuise en voyant son ivresse.

Sa résignation relève sa faiblesse.

Honteuse du passé, jamais son noble front

Ne pourrait sans rougir recevoir un affront.

Tous les sages conseils que lui donne son père

Ne peuvent la fléchir en aucune manière :

Renonçant à l'amour, le flambeau de l'hymen

Ne doit, pour les unir, brûler d'un feu divin...

. . . . : . . . . .

C'est dans le sein de Dieu, de ce Dieu de clémence,

Abdiquant les grandeurs et la magnificence,

Que désormais ses jours vont couler doucement !

Avant ce sacrifice, on la voit très-souvent

Sous l'humble toit du pauvre alléger la misère ;

L'orpheline surtout a des droits pour lui plaire :

En peine de leur sort, autant de leurs vertus,

Elle fonde un asile où des soins assidus

Que leur donnent des sœurs dont la conduite austère,

Leur montre le chemin qui dirige à bien faire.

Contente sur ce point, dès lors, sa piété

Va lui faire accomplir son vœu d'humilité...

. . . .

Mais comment pouvoir dire à ce père excellent

Qu'elle veut pour toujours être dans un couvent?

La nouvelle est terrible ; elle accable son âme ;

Tout sans cesse lui dit qu'elle est digne de blâme,

Et c'est à deux genoux, les yeux baignés de pleurs,

Qu'elle aborde son père, en proie à ses douleurs.

« De grâce, par pitié, mon père, ô mon bon père !

Vous que j'aime et j'admire autant que je révère !

Ne me châtiez pas de tout votre courroux ;

Je souffre, Dieu le sait, pour le moins comme vous.

Sa volonté m'appelle au couvent d'Hermangide.

Je ne redoute pas l'austérité rigide :

Dans ce temple sacré, le servant jour et nuit,

Il pourra dissiper le chagrin qui me suit. »

. . . .

L'abbesse la reçoit ; la voilà donc novice.

Qu'elle cache d'attraits sous ce triste cilice !

Le jeûne et la prière épuisent sa santé ;

Mais rien ne ralentit son humble piété.

La veille de ses vœux se passe en abstinence,

A genoux, dans le chœur, sans aucune assistance.

Le jour paraît enfin... ce grand jour solennel !

Les cierges et l'encens brûlent dessus l'autel...

Elle arrive en tremblant, habillée en princesse,

Belle de modestie, encor plus de faiblesse.

Son tendre père est là pour sa prise d'habit,

Accablé de chagrin, tout bas il la bénit...

.   .   .   .

Elle engage sa foi, le voile est sur sa tête,

Les filles du Seigneur en chantent pour la fête.

L'abbesse avec plaisir attendait ce moment

Pour lui donner son titre et son assentiment.

D'un accord unanime, on la nomme à sa place :

La princesse Émilie aussitôt la remplace...

.   .   .   .

5*

Pour son humilité ce surcroît de grandeur
Épuise tout son être ; elle est mourante au chœur.
Mais la cruelle mort, rien ne la rend sensible ;
Sa faux, toujours levée, à son ordre est flexible :
Elle tombe avec force, engloutit pour toujours
Cette femme admirable au printemps de ses jours...
Son âme, il faut le croire, auprès de Dieu respire,
Goûte un bonheur sans fin dans son céleste empire.

DEUXIÈME PARTIE.

A BÉRANGER.

Air : *Sait-on pourquoi, pauvre poète.*

Tous vos couplets, je les admire,

Car je les trouve on ne peut mieux ;

Le plaisir que j'ai de les lire

Me donne des moments heureux.

Là votre esprit, plein de finesse,

Brille d'un feu toujours nouveau

En se régénérant sans cesse

Pour vivifier votre cerveau.

    Vos vers, vos vers,

    Vos jolis vers,

  Vos vers qu'à la ronde,

  Chante tout le monde,

    Vos vers, vos vers,

    ·Vos jolis vers

N'auront jamais aucun revers.

La gaîté c'est votre partage,

Bon Béranger, homme de bien,

Toujours vous aurez l'avantage

De réjouir le genre humain.

Parfois vous êtes satirique,

Tout en lançant des propos doux,

C'est le moyen que la critique

Devienne indulgente pour vous.

Vos vers, vos vers, etc.

J'ai le désir de vous connaître,

Accordez-moi cette faveur,

Vous, Béranger, vous le grand maître,

Je brigue d'avoir cet honneur;

Déjà d'avance je m'apprête,

Comptant sur votre aménité,

Plein de respect pour le poète

Qui gagne l'immortalité.

Vos vers, vos vers, etc.

Vous restez au troisième étage,

Je ne m'étonne pas vraiment,

Chez les poètes c'est l'usage

De loger près du firmament.

Ce n'est pas par économie,

Mais bien pour une autre raison,

C'est qu'exerçant votre génie

Vous êtes plus près d'Apollon.

Vos vers, vos vers,

Vos jolis vers,

Vos vers qu'à la ronde,

Chante tout le monde,

Vos vers, vos vers,

Vos jolis vers

N'auront jamais aucun revers.

SOUVENIRS D'UNE GRAND'MÈRE.

AIR : *Combien je regrette.*

Tout en babillant, ma grand'mère
Me dit d'un ton assez joyeux :
Jadis, j'avais le don de plaire ;
J'eus même beaucoup d'amoureux.

Combien je regrette
Le temps des amants,
Ma mine drôlette,
Et surtout mes vingt ans.

— Eh quoi ! vous ne fûtes pas sage ?
Bonne maman, ce n'est pas bien.
— Mon cher enfant, l'amour engage,
Et je l'aimais un petit brin.

Combien je regrette, etc.

Lorsque j'étais dans mon village,
Que les garçons parlaient d'amour,

Je me plaisais à leur langage,
Aussi me faisaient-ils la cour.
Combien je regrette, etc.

J'aimais me trouver à la danse,
Pour rencontrer mes amoureux ;
Chacun voulait la préférence
Pour que je dansasse avec eux.
Combien je regrette, etc.

Ils m'accusaient d'être coquette,
Car je riais de leurs tourments,
Ne voulant être leur conquête,
Mais m'amuser à leurs dépens.
Combien je regrette, etc.

Enfin il n'en fut pas de même
Pour Charles, notre beau voisin,
Qui me disait : Combien je t'aime !
Ne me cause pas de chagrin.
Combien je regrette, etc.

Dès cet instant, mon cœur volage

Voulut le prendre pour époux;

Aussi le nœud du mariage

Nous fit passer des jours bien doux.

Combien je regrette

Le temps des amants,

Ma mine drôlette,

Et surtout mes vingt ans.

L'HEUREUSE GRISETTE.

AIR : *J'ai l'âme contente d'être encore garçon.*

Je suis très-joyeuse

D'avoir des amants,

Ça me rend heureuse

Et j'passe mon temps.

Quéqu'ça m'fait à moi

Qu'on y trouve à r'dire,

En bien comme en mal

Ça m'est bien égal.   (QUATER.)

J'vais à la Chaumière

Avec un galant,

Là j'y fait bonn' chère

Et j'danse l'cancan.

Quéqu'ça m'fait à moi, etc.

J'vis chez une amie

Faute d'ameublement,

Et j'ai la manie

D'payer rarement.

Quéqu'ça m'fait à moi, etc.

On r'tient ma cassette

Croyant bonnement

Que c'que j'fais emplette

Je l'laisse dedans.

Pas si bête à moi, etc.

On m'dit des sottises

Croyant m'effrayer,

Moi j'ris d' ces bêtises

Sans mot sourciller.

Quéqu'ça m'fait à moi

Qu'on y tr'ouve à r'dire

En bien comme en mal

Ça m'est bien égal. (QUATER.)

OSCAR ET HERMINIE.

Romance chevaleresque.

AIR : *Sous des crénaux couverts d'antique mousse.*

Par sa beauté, la princesse Herminie
Embellissait la fête d'un tournois.
Oscar, la fleur de la chevalerie,
Y paraissait pour la première fois. (BIS.)
De quinze preux ce héros intrépide
Doit éprouver la valeur et le bras;
Mais en ce jour l'amour sera son guide,
Mars le protége, il les désarmera. (BIS)

A haute voix, dans la lice on proclame

Que l'on destine Herminie au vainqueur ;

Chaque guerrier, que cette belle enflamme,

De l'obtenir voudrait avoir l'honneur.   (BIS.)

Remplis d'amour, de crainte et d'espérance,

Dans le tournois, ils se sont élancés,

Mais, vain espoir, Oscar baisse sa lance,

Les quinze preux par lui sont terrassés.   (BIS.)

L'heureux Oscar, favori de Bellone,

Nouveau Bayard, sans reproche et sans peur,

Fut recevoir l'écharpe et la couronne

Que lui donnait la dame de son cœur.   (BIS.)

A son amie, uni par la victoire,

Le dieu d'hymen l'enchaîna pour toujours ;

Près d'Herminie, aux palmes de la gloire,

Il sut mêler les myrthes des amours.   (BIS.)

IL EST PARTI.

AIR : *Tu ne viens pas.*

Il est parti, je n'ai plus l'espérance,

De voir jamais arriver son retour,

Pensant à lui, désirant sa présence,

Je vais redire à chaque instant du jour :

Il est parti ! (BIS.)

Il est parti ! las ! plaignez mon martyre ;

Car loin de lui, déplorant mes malheurs,

Le jour, la nuit, mon triste cœur soupire,

Et je redis, les yeux baignés de pleurs :

Il est parti ! (BIS.)

Il est parti ! quelle pénible absence !

Je n'aurai plus ni plaisir ni bonheur ;

Tous les échos témoins de ma souffrance

Répéteront l'excès de ma douleur.

Il est parti ! (BIS.)

LA PAUVRE CLAIRE.

AIR : *Pierre est sorti de son village.*

Sur les yeux de la pauvre Claire,

Du sommeil le dieu bienfaisant,

Versant son pavot solitaire,

Vient de suspendre son tourment.

Oubliant l'infortune affreuse

Qui dans chaque lieu suit ses pas,

La pauvre enfant se croit heureuse,   } (BIS.)

Par pitié, ne l'éveillez pas.

Elle avait pour amant un page ;

Ce page se nommait d'Harcourt.

Mais il est devenu volage

Quand il eut pris faveur d'amour.

Dans son rêve, la tendre Claire

Croit être son épouse ; hélas !

Ce n'est qu'une heureuse chimère.   } (BIS.)

Par pitié, ne l'éveillez pas.

6

Tranquillement elle sommeille,

Bercée ainsi par cette erreur,

Lorqu'un bruit frappant son oreille

Vient la réveiller, ô douleur !

Elle entr'ouvre un peu sa paupière,

Puis dit, apercevant Lucas

Embrassant Lise, sa bergère : }

Par pitié, ne m'éveillez pas !   } (BIS.)

A UN MONSIEUR.

ATR : *Mon Ernestine, que je t'aime !*

Restez fidèle à votre amie,

Ne formez jamais d'autres nœuds,

Vous apprendrez que dans la vie

Il est possible d'être heureux.

Craignez d'être un amant volage,

Gardez-vous bien d'être trompeur ;

Soyez toujours constant et sage,

Et vous trouverez le bonheur. (BIS.)

POUR LE ROI ET LA REINE D'UN GATEAU.

AIR : *Bon ouvrier, voici l'aurore.*

Le plaisir ici nous rassemble
Pour venir fêter notre roi,
Et nous nous promettons ensemble
De suivre exactement sa loi
Mais nous voulons, à cette table,
Q'entoure ce cercle agréable,
Chacun répète à l'unisson :

Du courage, du courage,
Amis, chantons, aimons, buvons. (BIS.)

Momus près de vous nous amène ;
Les jeux vous suivront désormais.
Du plaisir étant souveraine [1],
Nous nous déclarons vos sujets.
Mais, pour contenter tout le monde,
Messieurs, embrassez à la ronde
Toutes ces dames, et chantons :

Du courage, du courage.
Amis, rions, aimons, buvons. (BIS.)

[1] A la reine.

L'INCRÉDULE.

AIR : *Un castel d'antique structure.*

Possédant le don de vous plaire,

Vous me jurez fidélité ;

Vous dites votre amour sincère...

Je n'en crois rien, en vérité.

Après quinze jours de constance,

Une autre vous captivera :

Cette autre, j'en ai l'assurance,

De votre cœur me bannira. (BIS.)

———

A UNE FEMME QUE L'ON AIMAIT BEAUCOUP.

AIR : *Depuis longtemps j'aimais Adèle.*

L'amour est le bonheur suprême ;

Mon cœur le pense à chaque instant :

Etre aimé par celle que j'aime

Serait pour moi trop enivrant.

Mais un autre a la préférence,

Je le vois par son abandon,

Et pourtant toujours ma constance

Trouve pour elle un doux pardon. (BIS.)

Je veux lui peindre ma tendresse,

Je veux lui parler de l'amour,

Du bonheur que j'aurais sans cesse

Si j'étais payé de retour.

Mais, hélas ! son indifférence

M'impose un silence profond,

Et pourtant toujours ma constance

Trouve pour elle un doux pardon. (BIS.)

Je n'ose lui conter ma peine ;

Elle blâmerait mon chagrin :

Cette cruelle souveraine

M'accable de tout son dédain.

Je veux éviter sa présence

(Pour moi son cœur est un glaçon),

Et pourtant toujours ma constance

Trouve pour elle un doux pardon. (BIS.)

CE QUI SE PASSE TOUS LES JOURS DANS PARIS.

AIR : *de Guilleri.*

A Paris, grande ville

Où l'on voit bien des gens

Intrigants,

Chez eux le luxe brille,

Cependant ils n'ont rien,

C'est certain ;

Mais on les prendrait (BIS.)

Pour du monde opulent.

Le vrai moyen (BIS.)

De tromper le marchand.

Leurs dames, bien pimpantes,

Ont de riches habits

A crédit.

Ces belles élégantes

Trompent par leurs détours

Tous les jours ;

Mais on les prendrait, etc.

Ces gens pleins de hardiesse,
Singent le Grand-Seigneur
    En splendeur,
Et pourtant leur richesse
N'est qu'en réalité
        Pauvreté ;
    Mais on les prendrait, etc.

En sortant d'un impasse,
Je vis dans mon chemin,
        Ce matin,
Que l'on faisait main basse
Sur deux de ces finots
        Dits escrocs ;
    Mais on les prendrait (bis.)
Pour du monde opulent.
    Le vrai moyen (bis.)
De tromper le marchand.

LE PAGE TROMPEUR.

AIR : *Robert disait à Claire.*

Pour gente bachelette
Un beau page brûlait ;
Un jour à la pauvrette
Serment d'amour faisait.
Ah ! disait-il, ma mie,
Réponds à mon ardeur :
Ne crains pas, ma Sylvie,
Je ne suis pas trompeur.   (BIS)

La crédule bergère,
Naïve et sans détours,
Crut qu'il serait sincère
Et l'aimerait toujours.
L'imprudente fillette
Lui donna tout son cœur...
Prends garde, bachelette,
Ce page est un trompeur.   (BIS.)

Dans le fond d'un bocage

Chérubin l'emmena,

Ensuite le volage

Sa mie abandonna.

Depuis ce temps, Sylvie

Redit, dans sa douleur :

Beau page m'a trahie ;

Ce n'était qu'un trompeur. (BIS.)

POUR LA FÊTE D'UNE MÈRE.

AIR : *Tous les jours, je veux être sage.*

Maman, c'est aujourd'hui ta fête,

Jour qui ramène mon bonheur ;

En cet instant, ton fils s'apprête

A vanter tes vertus, ton cœur.

Tous tes moments, oui, je l'assure,

Tu les donnes à tes enfants.

Dieu te bénira, je te jure,

Et te fera vivre longtemps.

CHANSON BACHIQUE.

Air : *Chasseur diligent.*

Buveur sans pareil
Qui ne cesse de boire,
Qui pourrait le croire,
Dès mon réveil,
En main la bouteille,
Chantant de Bacchus
La liqueur vermeille,
Fêtant son doux jus ;
Mon bonheur sur terre,
En vidant mon verre,
Est de pouvoir plaire
Et dire mon refrain :
C'est le vin, c'est le vin,
le vin, le vin, le vin,
C'est ce nectar divin
Qui charme notre vie.

L'envie

Fait place à la gaîté,

Chantons en liberté :

C'est le vin, c'est le vin,

Qui dissipe le chagrin.

Enfants de Momus,

Le plaisir nous rassemble,

Répétons ensemble :

Vive Bacchus !

Bon soutien des belles,

Toujours sans détour,

Fêtons avec elles

Le vin et l'amour.

Si la mort barbare,

Amis, nous sépare,

Au sombre tartare

Chantons nuit et jour :

C'est le vin, c'est le vin,

Le vin, le vin, le vin,

C'est ce nectar divin,

Qui charme notre vie ;

L'envie

Fait place à la gaîté,

Chantons en liberté :

C'est le vin, c'est le vin

Qui dissipe le chagrin.

———◦◦◦———

LES YEUX DE ROSE.

AIR : *Un mot de toi.*

Rose, ce sont tes yeux que j'aime,

Que ma Muse veut célébrer,

Tes yeux bleus d'un éclat suprême

Qu'on ne peut voir sans se troubler.

Peut-on voir tes yeux

Si doux et si bleus

Qu'ils semblent des cieux

Nous lancer la flamme.

Qui peut voir tes yeux

Sans émouvoir l'âme

D'un cœur amoureux ?

Aussitôt qu'un mortel se mire

Amoureusement dans tes yeux

Le plus indifférent croit lire

Son destin dans l'azur des cieux.

    Peut-on voir tes yeux, etc.

Je crains que la coquetterie

Ne m'enlève ton cœur, ta foi ;

Peut-on aimer sans jalousie

Un trésor aussi beau que toi.

    Qui peut voir tes yeux, etc.

Crois-moi, Rose, sans la constance

L'amour n'est plus ce tendre enfant

De plaisir pur offrant l'essence ;

Alors c'est un malin serpent

    Que tes jolis yeux

    Si doux et si bleus

    Qu'ils semblent des cieux

    Nous lancer la flamme,

Soient toujours tes yeux

Vrai miroir de l'âme

Pour l'amant heureux.

LA FAUX DU TEMPS.

AIR : *Contemplons le Temps qui passe.*

Les beaux jours de la jeunesse

Se passent rapidement ;

Le temps coule avec vitesse

Sans s'arrêter un moment.

    Tous les jours

      Son parcours,

Détruit la beauté, la grâce,

Pour aucun il ne fait grâce ;

Ils suivent la faux du Temps.   (bis.)

Si l'amitié les remplace

Nous pourrons encor jouir

En suivant gaîment la trace

Qui nous conduit au plaisir.

Que Bachus

Et Momus,

Soient les dieux de notre fête,

Pour que chacun l'on s'apprête

A braver la faux du temps.   (BIS.)

S'il survient à la vieillesse

Des souvenirs de bonheur

Qu'on éprouve avec ivresse

Lorsqu'on a la paix, l'honneur.

Sans regret

Son arrêt

S'il ne nous cause aucun blâme,

Ne peut attrister notre âme ;

Nous bravons la faux du temps.   (BIS.)

Lorsque la barque inhumaine

Viendra pour nous emmener,

N'ayons ni regret, ni peine

Au moment de tout quitter.

Mes amis,

Sans soucis,

Plaise que dans l'autre monde

Nous disions tous à la ronde :

Nous bravons la faux du temps.   (BIS.)

———⋙◯⋘———

A UNE DAME QUI NE VOULAIT PAS ÊTRE AIMÉE.

AIR : *Je suis jaloux.*

Je t'aimerai malgré ta résistance,

Tu ne pourras me ravir ce bonheur.

Va, ne crois pas que malgré ton absence

J'oublie un jour ton aimable candeur.

Je t'aimerai.   (BIS.)

Je t'aimerai ; c'est un besoin suprême

Duquel je ne peux arrêter l'ardeur ;

Le jour, la nuit, c'est toujours toi que j'aime,

Crois au serment, à l'aveu de mon cœur.

Je t'aimerai.   (BIS.)

Je t'aimerai toujours avec constance ;

Ta modestie augmente mon amour.

Te posséder sera ma jouissance,

Suivre tes lois jusqu'à mon dernier jour.

Je t'aimerai. (BIS.)

A DE BONS VILLAGEOIS.

AIR : *Bons habitants de la Bretagne.*

Bons habitants de ce village,

J'ai pour vous un doux souvenir ;

Votre gaîté, votre langage,

M'ont toujours donné du plaisir

Le vain éclat de ce grand monde

N'a jamais pu fixer mon cœur,

Ce n'est qu'un prestige trompeur. (BIS.)

Tous les printemps, dans vos bocages,

Je viens respirer à longs traits,

Assise sous leurs beaux ombrages,

7

S'exhalent des baumes parfaits.

Le vain éclat de ce grand monde, etc.

Le muguet et les violettes
Sont la parure de vos bois,
Toutes ces charmantes fleurettes
Me parfument quand je les vois.

Le vain éclat de ce grand monde, etc.

Dans les vallons et dans la plaine
Tout est superbe pour mes yeux,
Car la nature, notre reine,
Y répand ses dons précieux.

Le vain éclat de ce grand monde, etc.

J'admire dans la solitude
Les chefs-d'œuvre du Créateur ;
Mon âme, dans sa quiétude,
S'enivre d'un parfait bonheur.

Le vain éclat de ce grand monde
N'a jamais pu fixer mon cœur,
Ce n'est qu'un prestige trompeur. (bis.)

A UN AUTEUR.

AIR : *Je me moque de la parque.*

Poëte, mon cher confrère,

Je me trouve très heureux

Quand je puis vous satisfaire

Par quelque couplet joyeux.

    Car surtout

    C'est mon goût :

Je redoute la tristesse,

Veux que la gaîté sans cesse

Accompagne mes vieux jours.

Je ris de la calomnie :

C'est le cachet du méchant ;

Plus on blâme mon génie,

Plus je redis en chantant :

    Car surtout, etc.

Je ne tiens à la fortune ;

Elle m'embarrasserait,

Et la grandeur m'importune ;
Je préfère un bon couplet,

    Car surtout, etc.

Lorsque le cheval Pégase
Me conduit un peu trop loin,
Je m'arrête dans l'espace
Pour chanter mon gai refrain ;

    Car surtout, etc.

Apollon, pour me complaire,
S'amuse de mes écrits.
Plaise que sur cette terre
Je réjouisse mes amis,

    Car surtout

      C'est mon goût :
Je redoute la tristesse,
Veux que la gaîté sans cesse
Accompagne mes vieux jours.

A MON AMIE.

Air : *de Rezille.*

N'es-tu pas, chère Euphémie,
Ma bonne et sincère amie ?
Et l'amitié qui nous lie
Ne pourra changer mon cœur.

    Ma constance

    Veut d'avance

Te donner l'assurance

    D'être sage,

    Point volage,

Ne jamais aimer que toi.

Quand près de toi je me trouve,
Le doux émoi que j'éprouve
Va jusqu'au fond de mon cœur,
Tant je ressens de bonheur.

N'es-tu pas, chère Euphémie, etc.

Ta personne est ma richesse ;

Je la contemple sans cesse,

Et dans mon transport joyeux

Je me crois l'égal des dieux.

N'es-tu pas, chère Euphémie, etc.

Ah ! ne dédaigne ma flamme,

Car je jure sur mon âme

Que sans tes divins appas

J'irais chercher le trépas.

N'es-tu pas, chère Euphémie,

Ma bonne et sincère amie ?

Et l'amitié qui nous lie

Ne pourra changer mon cœur.

    Ma constance

    Veut d'avance

  Te donner l'assurance

    D'être sage,

    Point volage,

Ne jamais aimer que toi.

A MON AMIE.

(Romance.)

AIR : *Pour moi je n'ai que ma personne.*

Dans ma mélancolie,

Mon cœur en ce moment,

Va vous dire, Émilie,

Sa peine, son tourment.

Mon amoureuse flamme

Ne saurait vous charmer,

Votre dédain me blâme

De vouloir vous aimer.   (BIS.)

De votre indifférence,

Je subirai le poids,

Étant dans l'espérance

De fixer votre choix.

Oui, ma tant douce amie,

Vous m'aimerez un jour.

Je donnerais ma vie

Pour avoir votre amour.   (BIS.)

Ne dédaignez ma flamme,

Elle est digne de vous,

De vous elle réclame

Des sentiments bien doux.

Qu'une amitié durable

Enchaîne nos amours,

Ce bonheur ineffable

Comblera tous nos jours.   (BIS.)

L'AMANT COMPLAISANT.

AIR : *Du Sénateur.*

Ma maîtresse est bien aimable,

Je la trouve comme il faut.

Tout en elle est adorable,

Pas le plus petit défaut.

Faut voir comme ses amis

De ses charmes sont épris.

   Quel bonheur

   Pour mon cœur

De jouir de la faveur
D'être son humble adorateur.

Chez elle, par habitude,
Il vient un petit cousin,
Dans son cabinet d'étude
Ils sont tous deux le matin.
Moi, bien loin de les gêner,
Je les laisse travailler.

  Quel bonheur, etc.

A midi, pour la distraire,
Son médecin vient la voir,
Et toujours son ministère
Sur ses sens a du pouvoir.
Aussi, tout le long du jour,
J'ose lui faire la cour.

  Quel bonheur, etc.

Quelquefois je m'émancipe,
Par l'excès de mes désirs

Je veux qu'elle participe

Au transport de mes soupirs.

Elle me dit en riant :

Pourquoi m'aimez-vous autant?

Par bonheur

J'ai l'honneur

De jouir de la faveur

D'être son humble adorateur.

Son extrême complaisance

Me procure le plaisir

De la conduire à la danse,

Et par mes dons l'enrichir.

En revanche mes amis

Dans le boudoir sont admis.

Quel bonheur

Pour mon cœur

De jouir de la faveur

D'être son humble adorateur.

REDIS-LE MOI.

Air : *De Catherine.* (Dans la belle Fermière.)

Redis-le moi ce joli mot : je t'aime,
C'est pour mon cœur un plaisir enivrant,
Aimé de toi mon bonheur est extrême,
Rien n'est égal à ce charme puissant.

     Redis-le moi.

Redis-le moi, j'ai besoin de l'entendre ;
Je suis jaloux, pardonne à mon amour,
Lorsqu'on t'adresse une parole tendre,
Je suis méchant et chagrin tour-à-tour.

     Redis-le moi.

Redis-le moi sans cesse mon Aline,
Va, ne crains pas de blesser ta candeur,
Ce doux aveu dé ta bouche divine
N'aura d'empire auprès de mon ardeur.

     Redis-le moi.

Redis-le moi que nous devons ensemble

Du dieu d'hymen subir la douce loi,

Que l'amitié, l'amour qui nous rassemble

Sera garant de tes serments, ta foi.

    Redis-le moi.

COUPLETS

POUR UNE PERSONNE QUI VOULAIT QU'ON L'AMUSE.

AIR : *Lonlan là, là de rirette.*

Vous désirez que ma muse

Vous fasse un petit couplet

Qui soit gai, qui vous amuse

Par un futile sujet.

Votre désir est peu de chose,

    Votre désir

    Va s'accomplir.

AIR : *Une femme est une fleur.*

Ma chatte est une gourmande

Qui me mange mon ragoût,

Cette maudite friande

Ne veut jamais de son mou.

L'autre jour, chez la voisine

Elle court dans sa cuisine

Pour voler à la sourdine

Un gros, gras, joli pigeon.

De la battre elle s'aprête,

Ma chatte, qui n'est pas bête,

Décampe avec sa rançon. (BIS.)

Ma chatte est vraiment terrible,

Pour elle j'ai des tourments,

Sa personne incorrigible

Cause des désagréments.

Lorsque l'amour la tourmente

Elle miaule, se lamente,

Le fricot ne la contente,

Elle veut un tendre époux,

Les voisins et la portière,

Le chien, le propriétaire,

Se mettent tous en courroux. (BIS.)

L'AMANT MALHEUREUX.

Chanson pour rire.

AIR : *Voilà c' que c'est qu' d'êtr' beau garçon*

Je suis un jeune homme amoureux,

Qui se trouve bien malheureux ;

Car le bel objet de mes feux

Blâme ma tendresse,

Et cette tigresse

Me dit, pour combler mon tourment :

Pourquoi m'aimez-vous autant?

Lorsque je lui donne un bouquet

Pour parer son joli corset,

Devinez-vous ce qu'elle en fait?

Sitôt l'éparpille,

De son pied le pille,

L'ingrate répète en riant :

Pourquoi m'aimez-vous autant?

Je le sens, ce maudit tendron

Me fera perdre la raison,

Moi qui suis un si bon garçon,

Plein de prévenance

Et de complaisance,

M'entendre dire à chaque instant :

Pourquoi m'aimez-vous autant?

Je vais me livrer à l'État,

Chercher la mort dans un combat,

Le désespoir me rend soldat.

Pour vous, inhumaine,

Cause de ma peine,

Vous ne me direz plus vraiment :

Pourquoi m'aimez-vous autant?

PORTRAIT DES CLERCS.

AIR : *J'étais bon chasseur autrefois.*

Toujours joyeux, toujours content,

Sans chagrin ni mélancolie,

Ne s'occuper que du présent,

Prendre pour guide la folie,

Être complaisant et coquet

Près des dames, par préférence,

D'un clerc, n'est-ce pas trait pour trait

La véritable ressemblance ?

} (BIS.)

Quoique toujours argent comptant

Son mois lui soit payé d'avance,

N'avoir jamais un sou vaillant,

Aimer le faste et la dépense,

Fier de lui, se croire parfait,

De plaire avoir toute assurance,

D'un clerc n'est-ce pas trait pour trait, etc.

Être trompeur, coureur, léger,

En amour toujours infidèle,

Sans se fixer prendre et changer,

Pour une belle une autre belle.

A la Chaumière en freluquet

Se donner un air d'importance,

D'un clerc c'est bien là trait pour trait, etc.

Messieurs, si parfois ma chanson

Vous a déplu, je vous en prie,

N'y faites pas attention,

Ce n'est qu'une plaisanterie.

Dans ce portrait, si je croyais

Voir vos défauts, en conscience,

Je ne vous offrirais jamais

Une pareille ressemblance. } (BIS.)

IL N'EST PLUS TEMPS.

AIR : *T'en souviens-tu.*

Ayant longtemps près de femme jolie

Bravé l'amour et méprisé ses traits,

Je promettais de n'aimer de ma vie,

Que cette erreur m'a causé de regrets.

Je reconnais de ce dieu la puissance

Car il me fait brûler de tous ses feux.

Las! j'ai perdu ma froide indifférence, }

Flore est l'objet dont je suis amoureux. } (BIS.)

8*

Depuis deux mois que j'aime cette belle

Je n'ai repos ni le jour, ni la nuit,

Et cependant cette beauté cruelle

A mon aspect se détourne et s'enfuit.

Entends ma voix, écoute ma prière,

Amour, amour qui causes mon tourment,

A mes transports rends Flore moins sévère,

Je te promets d'être toujours constant. $\Big\}$ (BIS.)

A peine, hélas! achevais-je ma plainte,

Lorsque l'amour se montrant à mes yeux,

Me dit ces mots qui doublèrent ma crainte :

Il n'est plus temps, je rejette tes vœux.

Je veux punir ta désobéissance,

Tu dois aimer toujours et sans espoir,

Car c'est ainsi qu'amour tire vengeance

De tout mortel qui brave son pouvoir. $\Big\}$ (BIS.)

L'AMOUR ERMITE.

AIR : *Allez prendre les eaux d'Enghien.*

Cupidon s'est rendu ermite,

Cachant ses ailes, son carquois,

Le fripon établit son gîte

Dans une grotte, près d'un bois.

Vieillards, enfants et bergerettes

Veulent visiter le trompeur.

Fuyez l'ermitage, fillettes,

Car le serpent est sous la fleur.   } (bis.)

De la main de chaque bergère

L'amour reçoit la charité,

Puis l'hypocrite solitaire

Se rit de leur crédulité.

Sans crainte elles viennent seulettes

Offrir leurs dons au séducteur.

Fuyez l'ermitage, fillettes, etc.

La jeune et naïve Lorette

Près de l'ermite allait sans peur ;

Un jour le faux Anachorète

Lui décocha son trait vainqueur,

Ensuite il dit à la pauvrette,

La regardant d'un air moqueur :

Fuyez l'ermitage fillette,

Car le serpent est sous les fleurs } (BIS.)

LE VIN ET LA FILLETTE.

AIR : *Vrai sans chagrin.*

Vive le vin et la jeune fillette,

Tous les deux font le charme de mes jours.

Joyeux buveur, quand je suis en goguette

J'aime fêter Bacchus et les amours.

J'aime le vin, sa liqueur est exquise,

Sans lui jamais il n'est d'heureux moments ;

Par sa bonté je suis épris d'Élise,

Elle a le don d'enflammer tous mes sens.

Vive le vin, etc., etc.

De chambertin, de beaune et de madère

Apportez-moi de chacun un flacon,

Ils couleront à gros flots dans mon verre ;
Je dirai même, en sablant le mâcon :

Vive le vin et la jeune fillette, etc., etc.

Que servirait de songer à ses peines !
Vous le savez, amis, il faut mourir.
Oublions-les, nos plaintes seraient vaines ;
Employons mieux notre temps à jouir.

Vive le vin et la jeune fillette,
Tous les deux font le charme de mes jours.
Joyeux buveur, quand je suis en goguette
J'aime fêter Bacchus et les amours.

COUPLETS

POUR UN JOUR DE MARIAGE.

AIR : *Dans notre chaumière avec ma sœur.*

L'hymen en ce jour nous convie
Pour venir fêter ces époux :
A leur sort nous portons envie ;

Peut-il être un destin plus doux !

L'amour, l'estime et la sagesse

Vous ont comblés de leurs faveurs.

Ah ! puissiez-vous couler sans cesse

Des jours purs et semés de fleurs. } (BIS.)

Si parfois dans votre ménage

Survenait quelque différend ;

Souvent on voit plus d'un nuage

Obscurcir la clarté du temps.

Au marié. Par une humeur un peu sévère

Gardez-vous d'affliger son cœur.

A la mariée. Vous, pour le désarmer, ma chère,

Employez toujours la douceur. } (BIS).

Ils s'aimeront toujours, j'espère,

N'ayant que les mêmes désirs ;

Leurs jours s'écouleront sur terre

Dans l'allégresse et les plaisirs.

Par le lien du mariage

Ils sont enchaînés pour toujours.

Célébrons ce doux esclavage....

Vive l'hymen et les amours.

} (BIS.)

COUPLETS

A L'OCCASION DU RETOUR D'UN FRÈRE.

AIR : *Mon Ernestine que je t'aime.*

D'un frère cher à ma tendresse

Amis, célébrons le retour ;

Pour ses parents, ah ! quelle ivresse !

Fut-il jamais un plus beau jour ?

Tout s'embellit par sa présence ;

De le voir nous sommes joyeux ;

Enfin, après quinze ans d'absence,

Le ciel vient de combler nos vœux.

} (BIS.)

Aussi bon guerrier que bon frère,

Du dieu Mars ayant la valeur,

De nos preux suivant la bannière,

Comme eux il est brave et sans peur.

Son sort heureux est son ouvrage,

Il le sait; mais il n'en est pas vain

Pour récompenser son courage

La croix a décoré son sein. } (BIS.)

Mais, ô peine! ô douleur cruelle!

Faut quitter ce frère chéri;

J'apprends que dans peu La Rochelle

Dans ses murs verra notre ami :

Qu'à reprendre encore les armes,

Ce départ déchire mon cœur;

Mais je dis, essuyant mes larmes : } (BIS.)

C'est pour la patrie et l'honneur !

MA PHILOSOPHIE.

AIR : *C'est ma philosophie.*

Amis, si vous m'en croyez,

Pour exemple vous prendrez

Toujours la folie :

Comme moi, la nuit et le jour
Fêtez Bacchus et l'amour :
   C'est ma philosophie.

Je ne brigue pas l'honneur
De m'illustrer comme auteur ;
   Mais, j'ai la manie,
De fêter la nuit, le jour,
Bacchus, Comus et l'amour :
   C'est ma philosophie.

Si je forme un jour des nœuds,
Pour ma compagne je veux
   Fillette jolie.
Près d'elle la nuit, le jour,
Fêter Bacchus et l'amour :
   C'est ma philosophie.

Pour traverser l'Achéron,
Quand la parque, sans façon
   Tranchera ma vie,

Je veux, au sombre séjour

Chanter la nuit et le jour :

C'est ma philosophie

JE T'AIME TANT.

AIR : *Je suis jaloux.*

Je t'aime tant, sitôt que je respire,

Un feu divin enivre tous mes sens ;

Et cependant, quand je veux te le dire,

L'expression manque à mes sentiments. } (BIS.)

Je t'aime tant. (BIS.)

Je t'aime tant, que partout ton image

Suit de mon cœur le moindre battement ;

Il est heureux dans son doux esclavage :

Car c'est l'amour le bonheur qu'il ressent. } (BIS.)

Je t'aime tant. (BIS.)

Je t'aime tant, reçois-en l'assurance,

Que ton amant ne peut vivre sans toi.

De t'adorer, voilà ma jouissance ;
Daigne accepter mes serments et ma foi. } (bis.)

Je t'aime tant. (bis.)

LE RENDEZ-VOUS.

AIR : *A ce soir, à ce soir.*

A ce soir, à ce soir,

Je t'attends, ma douce amie ,

A ce soir, à ce soir,

Ne trompe pas mon espoir ;

Tu connais le rendez-vous ;

Je compte sur toi, ma chère ;

Mon amitié bien sincère

Est un Mentor entre nous,

Je te trouve si modeste,

Bonne et sans prétention ;

C'est pourquoi je te l'atteste,

Que je t'aime tout de bon.

A ce soir, à ce soir, etc,

Ah! donne-moi du retour

Sois sûre de ma constance;

Mon cœur te jure d'avance

De son plus parfait amour.

Il brûle pour toi, ma belle,

De ce feu toujours nouveau.

Ne sois donc plus si cruelle;

Veux-tu me mettre au tombeau?

A ce soir, à ce soir, etc.

Ta mère croit que l'amour

Te causera bien des peines,

Et que ses pesantes chaînes

Feront ton malheur un jour.

Dis lui que le mariage

Doit nous unir à jamais.

Voilà le dur esclavage,

Songe qu'il n'est pas mauvais.

A ce soir, à ce soir, etc.

RÉPONSE D'UNE DAME

A UN MONSIEUR QUI LUI JURAIT FIDÉLITÉ.

AIR : *Femmes voulez-vous éprouver.*

Vous bornez dites-vous vos vœux

Au seul bonheur de plaire ;

Vous serez fidèle à vos nœuds ;

Mais ce serment est-il sincère ?

Il serait par trop imprudent

D'écouter un aveu frivole ;

L'amour se fixe rarement ;

Loin de la constance, il s'envole.   (BIS.)

Méprisant ces amants trompeurs

Vous me promettez d'être sage,

Vous captiverez d'autres cœurs,

Et puis vous deviendrez volage :

Ah ! si j'en croyais votre ardeur,

Vos yeux et votre ivresse extrême,

Je hâterais votre bonheur,

Et je vous dirais : je vous aime.   (BIS.)

LE BON MÉNAGE.

AIR : *J'ai bien souvent près de femme jolie.*

De bien aimer, c'est le bonheur suprême ;
Ce doux lien enivre tous mes sens.
Quand je suis près de ma femme que j'aime,
Je crois encor être dans mon printemps.
Tous mes cheveux qui sont blanchis par l'âge
N'ont pas rendu mon cœur indifférent.
Il est constant, et te donne le gage } (BIS.)
De l'amitié, de son attachement.

Te souviens-tu que dans notre jeunesse
Tu me voulais toujours à ton côté ;
Je contemplais, dans une douce ivresse,
Ton air aimable et toujours en gaîté.
Je te disais, dans mon simple langage,
Que pour toujours tu possédais mon cœur.
J'aime à songer au temps de mon bel âge , } (BIS.)
Ce souvenir me donne du bonheur.

Puisque tous deux nous avons passé l'âge
Du dieu d'amour qui captive les cœurs,
Laissons aux jeunes ce doux avantage
D'être comblés de toutes ces faveurs.
Que l'amité berce notre vieillesse,
Et que l'estime la suive de près;
Par ce moyen, nous nous dirons sans cesse : }
Nos vieux jours ont encore des attraits. } (BIS.)

Mes chers enfants, l'amitié nous amène
Pour célébrer nos cinquante ans d'hymen,
Fêtons en chœur une si douce chaîne
Qui, sans se rompre, affranchit le chemin ;
Et par bonheur, je vois dans ma vieillesse
Tous mes enfants et mes petits-enfants;
Ma femme et moi nous sommes dans l'ivresse. }
Ha ! puissions-nous encor vivre longtemps ! } (BIS.)

N'AI PLUS D'AMIE.

AIR : *Fleuve du Tage.*

N'ai plus d'amie ;

Elle a rompu les nœuds,
Qui pour la vie
Nous unissaient tous deux.
Je te serai fidèle,
Me redisait Estelle;
Crois-en ma foi :
Je n'aimerai que toi. (BIS.)

Elle est parjure,
Et j'en croyais son cœur;
Son imposture
A causé mon malheur.
Je n'ai, dans ma souffrance,
Pas même d'espérance.
Serment trompeur!
Pour moi, plus de bonheur. (BIS.)

Adieu bocage,
Témoin de mon amour!
Charmant ombrage,
Je fuis votre séjour.

Estelle me délaisse,

Je vais, dans ma tristesse,

Chercher la mort

Et terminer mon sort.   (BIS.)

SOUVENIRS D'UN GASTRONOME.

AIR : *T'en souviens-tu.*

Te souviens-tu, disait un gastronome,

Aux compagnons de ses exploits gourmets,

Te souvient-il qu'un auteur qu'on renomme

Chanta jadis la gaîté, les bons mets ?

Dans un festin faisant joyeuse mine,

Leste et dispos, chacun m'a toujours vu

Chérir le vin, adorer la cuisine.

Dis-moi, mon cher, dis-moi, t'en souviens-tu ? (BIS.)

Te souvient-il, de ces grasses poulardes:

De ces pâtés, brochets, cailles, dindons?

Je crois sentir et pigeons et pintades;

Mon cœur soupire en pensant aux chapons.

9

De tous ces mets, je garde souvenance :

O temps jadis, qu'êtes-vous devenu?

Que d'heureux jours passés dans la bombance !

Dis-moi, mon cher, dis-moi, t'en souviens-tu ? (BIS.)

A MA FILLE,

LE JOUR DE SON MARIAGE.

AIR : *A la femme aimable et fidèle.*

Vous qui, par un hymen prospère,

Aujourd'hui devenez mon fils,

Vous serez bon époux, bon père,

Tous mes vœux seront accomplis.

Nouvel enfant dans ma famille,

Aimez Clara, choyez-la bien ;

Faire le bonheur de ma fille,

N'est-ce pas faire aussi le mien ? (BIS.)

AIR : *Mon Ernestine que je t'aime.*

A ma fille.   Et toi, ma fille, mon amie,

De l'hymen quand tu suis la loi,

Ce dieu, qui désormais te lie,

Va bientôt t'éloigner de moi :

Mais ne crains pas que la distance

Puisse altérer notre bonheur.

Souviens-toi que, malgré l'absence,

Ta place est toujours dans mon cœur.   (BIS.)

L'ORPHELIN DU VILLAGE.

AIR : *C'est le drapeau du régiment.*

J'ignore quelle est ma naissance

Je ne connais pas mes parents,

Ma nourrice, dès mon enfance,

Guida seule mes jeunes ans.

Jamais sur le sein de ma mère

Mon cœur ne se sentit pressé.

Je suis un enfant du mystère

Dans un village délaissé.   (BIS.)

En sortant de l'adolescence
Je sentis croître ma fierté ;
Songeant sans cesse à ma naissance,
Honteux de mon obscurité.
Conduit par l'espoir, le courage,
Dès lors je m'offris à l'État,
Et le pauvre enfant du village
Devint un valeureux soldat.   (BIS.)

Dans le plus fort d'une bataille
Comme j'étais fier de mon sort.
Jamais le canon, la mitraille,
Ne me firent craindre la mort.
Toujours remportant la victoire,
Le dieu Mars couronna mon front.
La croix qui me couvre de gloire
Est ma naissance et mon blason.   (BIS.)

— 133 —

ADIEUX A MON APPARTEMENT.

—

Couplets au sujet de la décision des Pairs qui demandèrent le prolongemen
de la rue Soufflot, afin que du Palais du Luxembourg on pût voir le
Panthéon.

AIR : *Bocage que l'aurore.*

Il faut que je te quitte

Asile plein d'attraits,

Logement que j'habite

Conçois-tu mes regrets?

Puisse l'écho te dire

Quand je n'y serai plus,

Mais on va te détruire

Mes vœux sont superflus.   (BIS.)

Il faut que tu périsses

Sous les coups du marteau,

Car, sans tous leurs caprices,

M'en irai-je sitôt.

Le Panthéon te chasse

Pour voir le Luxembourg.

L'orgueil veut ta place,

La ville tes vieux jours.   (BIS.)

Près de ton entourage

Je cherche un autre toit,

Rien dans le voisinage

Ne peut fixer mon choix.

Sous ton abri ma lyre

Exhale de doux airs,

Et le dieu qui m'inspire

M'aide à faire mes vers.   (BIS.)

Le soir, sous tes décombres,

Je viendrai dans l'espoir

De trouver sous tes ombres

Un endroit pour m'asseoir.

Dans ma mélancolie

Je te dirai tout bas :

Malgré qu'anéantie

Je ne t'oublierai pas.   (BIS.)

LA CALIFORNIE.

AIR :

Allez en Californie
Vous qui voulez de l'argent,
L'or y croît, chose inouïe,
Que partout c'est surprenant.
Ces mines enchanteresses
Pour atteindre leurs richesses,
On brave jusqu'au trépas
Tant ce métal a d'appas.

Allez en Californie, etc.

Trois mille lieues de distance
Ce n'est pas beaucoup, je pense,
Pour gagner ce bon terrain
Où l'on meurt presque de faim.

Allez en Californie, etc.

Tous ceux qui font banqueroute
Pour leurs créanciers, sans doute,

Vont de suite s'embarquer

Pour qu'ils puissent les payer.

Allez en Californie, etc.

Pour l'usurier, quelle chance,

L'avare, quelle abondance,

De pouvoir plus qu'il n'en faut

Remplir chacun un tonneau.

Allez en Californie, etc.

Pour moi la philosophie

Est la règle de ma vie,

Qui ne tient pas à l'argent.

On ne l'emporte en mourant.

Allez en Californie

Vous qui voulez de l'argent,

L'or y croît, chose inouie,

Que partout c'est surprenant.

LES BONNES D'ENFANT.

AIR : *Drin, drin.*

Mon beau soldat donne-moi ta parole,
Que tu seras constant dans ton amour,
Car sans cela soit bien sûr que Nicolle
Pour se venger te fera voir le tour.
Drin, drin, drin, tra, là, là, là, là, là, là, là.   (BIS)

Et puis après si tu cherches querelle
Je te dirai : tant pis, mon cher amour,
Tu l'as voulu, moi qu'étais si fidèle,
Ton inconstance me fit faire ce tour.
        Drin, drin, etc.

Je ne serai pas comme ma cousine,
Qui raffolait de son ingrat tambour,
Quand il eut prit tout ce que l'on devine
Sans nul regret il lui fit voir le tour.
        Drin, drin, etc.

Depuis ce temps bien triste est la pauvrette,

Pleure et gémit à chaque instant du jour.

Moi je lui dis : ne sois donc pas si bête,

Avec un autre il faut faire le tour.

    Drin, drin, etc.

Sexe charmant, à vous prenez bien garde

A ce vaurien qu'on nomme dieu d'amour,

Car si vous faites la moindre incartade,

En se riant vous fera voir le tour.

Drin, drin, drin, tra, là, là, là, là, là, là, là. (BIS.)

A MA FIANCÉE

MORTE UN MOIS AVANT NOTRE HYMEN.

AIR : *Je n'ai que ma personne.*

Souvenirs pleins de charmes

Alimentez mon cœur,

Accablé par les larmes

Il cherche le bonheur.

Donnez-lui l'espérance
De surmonter mon sort;
Car, sans votre assistance,
Je préfère la mort.   (bis.)

J'ai perdu ce que j'aime,
Adieu tous mes amours;
Ma douleur est extrême,
Pour moi plus de beaux jours.
Plus de tant douce amie
Pour partager mes feux,
Elle est anéantie,
Plaignez mon sort affreux.   (bis.)

Ma belle était ma reine,
Son trône était mon cœur,
Et cette souveraine
Brillait par sa candeur.
Le plaisir de me plaire
Fut son unique loi,

Et jamais sur la terre

Elle n'aima que moi.   (BIS.)

Bon ange tu reposes

Dans l'empire des cieux,

Sous l'emblême des roses

Tu parfumes ces lieux.

La vierge te contemple,

Tu peux régner en paix ;

Dieu n'admet dans son temple

Que des esprits parfaits.   (BIS.)

CHANSON BACHIQUE.

Air : *Aussitôt que la lumière.*

Mes amis, sur cette terre,

Il ne faut désirer rien

Que de vider notre verre,

En chantant un gai refrain ;

Car le doux jus de la treille,

C'est un nectar précieux :

Quand je vide une bouteille

Je me crois l'égal des dieux.

Aussitôt que je me lève

Je veux boire du bon vin,

Et mon désir n'a de trève

Qu'avec un carafon plein :

Ma bouche qui le délecte,

En boirait jusqu'à demain ;

Peu me fait d'être en goguette

Et de tomber en chemin.

Lorsque je ne peux plus boire,
N'ayant rien dans mon gousset,
Cela me rend l'humeur noire,
Je suis un triste sujet ;
Bacchus se rit de ma peine,
Malgré que je suis sa loi,
Quand je bois à perdre haleine.
Il se moque moins de moi.

PARIS 1857.

—

Paris est à présent presque méconnaissable ;
Les nouveaux débarqués disent : c'est incroyable,
L'on ne reconnaît plus où l'on est maintenant,
Ils cherchent tout par tout, mais inutilement ;
Les anciennes maisons d'un tiers sont disparues ;
Et d'autres boulevards vont remplacer des rues.
Pour loger le grand monde il faut du merveilleux,
De très-beaux bâtiments, des hôtels somptueux ;
Si cela va croissant, les classes ouvrières
Ne pourront plus loger que dehors les barrières ;
Et les petits rentiers, faute de logement,
Car tous les loyers sont d'un prix exorbitant,
Aussi s'éloigneront, ayant la même chance,
Ne voulant obérer leurs moyens de dépense.

Paris, le beau Paris, séjour des gens heureux !
Il ne compte pour rien le sort des malheureux.
Le règne d'à présent plaît aux propriétaires
Qui doublent leur avoir par tous leurs locataires.

10

Le riche ne veut pas rencontrer en chemin
Un pauvre infortuné qui lui tende la main.

Cette apparition le gêne et l'embarrasse ;
Il détourne les yeux, s'éloigne de la place ;
Mais un sergent de ville est là qui fait le guet ;
Le mène au corps de garde ; il paraît au parquet :
On le juge en état d'être en vagabondage,
Et Villers-Cotterets s'ouvre : il entre en esclavage.

C'est la mode aujourd'hui de porter des chapeaux
Qui découvrent la tête et penchent vers le dos ;
C'est à ne pas y croire, autant c'est ridicule
Mais qu'on soit bien ou mal, sur ce l'on ne calcule ;
Les femmes par exemple aux cheveux grisonnants,
Au front presque ridé par le nombre des ans,
Devraient bien, je le crois, laisser à la jeunesse
Ces modes qui toujours font tort à la vieillesse.
Le luxe est aujourd'hui porté jusqu'à l'excès ;
Il règne malgré tout, son art a de l'accès.
La preuve, la voici : c'est que les crinolines,
Ces jupes n'ont, je crois, des formes très-divines ;

En voyant une femme ainsi dans ce tonneau
Avec dérision chacun dit : que c'est beau ! ! !
Que de grâces il donne à celle qui le porte !
N'est-ce pas merveilleux ! en marchant, il ballotte.
Les hommes ont aussi, par compensation,
Leur figure barbue avec profusion.
Regardez près d'ici ce blondin petit-maître
A la barbe de bouc, longue d'un quart de mètre :
Vous voyez à sa bouche un cigare fumant,
Qui jette sa bouffée à chacun en passant.
Trouvez-vous très-honnête une telle licence ?
Eh quoi ! vous répondez : C'est une impertinence.
Mais, vous n'y pensez pas ! sur ce détrompez-vous ;
Ne faut pas le lui dire, il se rirait de nous.
C'est la mode à présent, tout est bien pardonnable ;
Les ridicules ont un pouvoir admirable.

La plus simple ouvrière est mise maintenant
Tout comme une bourgeoise ; enfin c'est surprenant ;
Quoiqu'ayant peu pour vivre en sa triste mansarde,
Manquant du nécessaire, elle n'y prend pas garde :

Il faut suivre la mode, et se donner un ton.

Souvent c'est à crédit, dans cette occasion,

Et pour y remédier, la coquette ouvrière

Dérange sa conduite, et n'en fait plus mystère.

De sage qu'elle était, un chiffon élégant

L'emporte sur l'honneur, elle accepte un amant.

Au bout de quelque temps, le galant infidèle

A fait un autre choix, il s'éloigne loin d'elle;

Elle paie en chagrins ces instants de plaisir.

Son manque de vertu s'arme pour la punir.

Heureuse si ses torts détournent sa conduite

En ayant le pouvoir d'en arrêter la suite.

Les marchés de la halle, en passant devant eux,

Qui ne les connaît pas ouvrirait de grands yeux;

On serait étonné de voir tant d'élégance

Pour vendre des denrées de si peu d'importance :

Cette enceinte de luxe où l'on vend des oignons,

Des panais et des choux, sont dans ces régions,

Les marchandes aussi s'habillent bien pimpantes;

Mais si vous marchandez, elles sont insolentes.

Ce bon peuple toujours tout prêt à riposter ;
Si vous lui tenez tête il va vous maltraiter.
C'est que le répertoire aux charmantes commères
Leur suggère souvent des phrases ordurières.

Le luxe se propage en maints et maints quartiers ;
Il montre son éclat chez tous les boutiquiers.
C'est à qui fera mieux dans cette circonstance
Pour parer sa boutique et montrer l'opulence.
Quand souvent l'intérieur est un simple réduit ;
Et que le peu de vente est souvent à crédit ;
Mais il faut malgré tout paraître assez contente,
Avoir pour habitude une mise élégante.

Tous les gros magasins aux quinze ou vingt commis,
Les patrons, fin de mois, ont souvent des soucis.
Le plus fin n'y voit rien, tout passe sous silence,
Le luxe y remédie en cette circonstance.
Ils offrent des objets bien au-dessous du cours,
Seulement par écrit, on le lit tous les jours ;
Mais allez-y, chalands, profitez de l'affaire,
Vous verrez que ce n'est que le prix ordinaire.

Le commis vous détrompe, et, s'il est écouté,
Vous ne sortirez plus sans avoir acheté.

Avec trop d'élégance on voit des mariages
Qui ne possèdent rien que leurs grands étalages.
N'importe, il faut briller sans avoir de l'argent ;
Pourquoi se refuser de suivre son penchant ?
Et pour le satisfaire ils vont porter en gage
Leurs effets et souvent des effets de ménage.
C'est un très-bon moyen ; car le Mont-de-Piété
Pour les rendre ne veut ni crédit ni pitié.

Avec vingt sous comptant vous entrez à la Bourse ;
Là règne la Fortune. Oh ! la bonne ressource !
Le palais de Plutus dans son sein tous les jours
Attire des mortels implorant son secours.
Tous les agioteurs de la hausse et la baisse
S'entendent, car ils sont des finots pleins d'adresse.
Ce sont de gros renards qui mangent les petits,
Toujours à leurs dépens ils ont de bons profits.
On y rencontre aussi des hommes d'importance,
Tout près d'un usurier se gonflant d'arrogance.

De modestes rentiers, comme souvent bien d'autres,
Vont s'y faire pincer par tous ces bons apôtres.
Les valets, les portiers, les petits artisans,
Les garçons de recette et beaucoup d'intrigants,
Y vont d'un pas léger courant après la source
Qui procure de l'or, mais non pas dans leur bourse.
Sans se décourager ils conservent l'espoir ;
Mais ils perdent souvent tout leur petit avoir.

Aux églises l'on voit des femmes très-pieuses
Qui dorment au sermon comme des bienheureuses ;
Quelques hommes aussi pour servir de pendant,
Par compensation ils en font tout autant :
Le prêtre qui sermonne un discours d'abstinence,
Pour dompter ses désirs avec persévérance,
Démontrant à chacun que l'esprit tentateur
Est l'ennemi juré de notre Créateur,
Qu'il se plaît à nous nuire et nous porte à mal faire,
Qu'on ne peut l'éloigner qu'à genoux, qu'en prière.
Un bon prêtre toujours, par l'Esprit-Saint guidé,
Emploie tous les moyens pour vous persuader :

Car il en est de bons dont la conduite austère
Montre à leurs paroissiens une vie exemplaire.

Le sermon terminé, très-souvent un dormeur,
Qui n'a rien écouté de ce prédicateur,
Vous dira qu'il est bon et qu'il aime à l'entendre,
Que par son éloquence il se fait bien comprendre ;
Ce que j'écris est vrai ; souvent on me l'a dit :
Ma croyance sur ce toujours les contredit.

Si vous désirez prendre une chaise à l'église,
Munissez-vous d'argent, crainte d'une surprise ;
La loueuse vous guette, il faut payer comptant :
Notre religion exige de l'argent ;
Je m'abstiens de citer le gain des mariages,
Des baptêmes, des morts, craignant les persiflages ;
Le tout est pour le mieux puisqu'il en est ainsi,
Payons de bonne grâce, et sans aucun souci.

FIN.

Paris. — Imprimerie de Cusset et Cᵉ, 26, rue Racine.

COUPLETS

COMPOSÉS DANS LE TEMPS DE LA DERNIÈRE RÉPUBLIQUE.

AIR DE : *Guilleri Carabi.*

Vive la république !
Amis, plus de chagrin,
C'est certain,
Plus de terreur panique,
On ne veut plus de roi,
C'est la loi.

Aussi voyez-vous   (BIS.)
Paris éblouissant.
Ah ! qu'il est bon   (BIS.)
Le règne d'à-présent.

La république amène
La richesse en tous lieux,
C'est joyeux ;

C'est une souveraine
Qui nous fera mourir
De plaisir.

Aussi voyez-vous, etc. (BIS.)

Très-peu de banqueroutes,
On paye ses billets
Sans protêts,
Les craintes et les doutes
Ne donnent aux esprits
De soucis.

Aussi voyez-vous, etc. (BIS.)

Tous les propriétaires,
Boutiquiers, ouvriers
Et rentiers
Font de bonnes affaires,
Ce sont de vrais crésus
Pleins d'écus.

Aussi voyez-vous, etc. (BIS.)

Paris. — Imprimerie de Gossat et Cⁱᵉ, 26, rue Racine.

www.ingramcontent.com/pod-product-compliance
Lightning Source LLC
Chambersburg PA
CBHW050007100426
42739CB00011B/2537